伊勢宗瑞

と戦国関東の幕開け

湯山 学――著

戎光祥出版

凡　例

編集部

一、『伊勢宗瑞と戦国関東の幕開け』全巻は、『湘南毎日新聞』に連載された「湘南物語」を再編集したものである。

二、書籍化にあたって書名を『伊勢宗瑞と戦国関東の幕開け』と改めた。章見出し・小見出しについてもふさわしいものに適宜改め、文章についても整理し、図版・系図・表・写真なども不要と思われる一部については削除した。また、本文にはふりがなを追加した。

三、「湘南物語」に掲載された図版は、著者自らが詳細に考証し制作をした労作であり、当時を記録する貴重な郷土資料である。書籍化にあたっても元図版をそのまま採録することとしたため、図中のタイトルや文言が本書のキャプションと重なる箇所もある。また、本文中の協力者の肩書きなども刊行当時のままであるが、このような事情から了とされたい。

四、本書掲載の写真は、今回、新たに撮影し直した。

五、このたびの書籍化にあたり、関係社寺並びに公共機関・研究機関などから掲載写真や資料提供に多大なる御協力・御支援をいただいた。また、写真撮影や被写体の特定にあたっては、地元の方々の協力なしには不可能であった。併せて感謝の意を捧げたい。

目次

第Ⅰ部　伊勢宗瑞（北条早雲）の登場

第一章　早雲の伊豆討ち入りと本格化する関東の戦国

北条早雲の登場と堀越公方の滅亡

評判になった司馬遼太郎の長編歴史小説『箱根の坂』は、北条早雲《ほうじょうそううん》（伊勢宗瑞）の一生を描いたものである。はじめ今川氏親《いまがわうじちか》の食客であった早雲は、伊豆国の堀越公方《ほりごえくぼう》家を倒して同国を手中にした。その年は、延徳三年（一四九一）とも明応二年（一四九三）ともいわれている。

堀越公方足利政知《まさとも》は将軍義政《よしまさ》の弟で、先妻との間に茶々丸《ちゃちゃまる》が生まれ、後妻の柳原隆光《やなぎはらたかみつ》の娘（円満院）との間に、潤童子《じゅんどうじ》と清晃《せいこう》の二子が生まれている。清晃は八歳のとき（長享元年・一四八七）に上洛し、かつて父政知が院主であった京都天竜寺の塔頭香厳院《きょうごんいん》に入った。そして延徳元年三月、将軍足利義尚《よしひさ》が近江国出陣中に病死すると、清晃（義澄《よしずみ》）は将軍にかつぎ出されることになった。

一方、政知は延徳三年正月ごろから病気で食事もできず、四月三日、ついに五十七歳で他界した。円満院は継子茶々丸をうとんじ、政知とともに潤童子に家督を譲りたいと考えていたが、政知の死後、家督をめぐって争いが生じ、七月一日、茶々丸は円満院と潤童子を殺害してしまった。こうして家督をついだ茶々丸であったが、明応二年、家臣の外山豊前守、秋山蔵人を殺したため、堀越御所内で騒動が起こった。当時、駿河国興国寺城《こうこくじ》にあった早雲は、その争いに乗じて伊豆国へ押し入り、同国を手中にし、韮山城に入ったとされる。

文明十四年（一四八二）の「都鄙和睦《とひわぼく》」（京都将軍家と古河公方の和解）によって、伊豆国は堀越公方の料国《りょうごく》（支配権を認められた国）となったが、元来は、関東管領であった山内上杉氏が守護国として支配していた。その伊豆国を早雲が手中にできたのは、山内上杉氏と対立していた扇谷上杉氏の支援があったからだという説がある。『鎌倉九代後記』に、「あるいは曰く伊勢新九郎長氏（早雲）は駿州にあって定正（扇谷上杉）と通謀して伊豆国を取った」とみえ、「豆州ハ顕定（山内上杉）ノ領国タルニヨリテナリ」と結んでいる。

『鎌倉公方九代記』は、このときの様子をかなりくわしく伝えている。

両上杉（山内・扇谷）は確執し、上野・相模の館に居住し、諸将・諸侍皆此下知に従ひ、悉く馳せ集まりて、

日毎に戦止むことなし。伊豆国中の軍兵も、彼の催促に応じて、東国の武士は一人も是なし。北条堀越の御所はいつしか寂び返りて、下部《しもべ》・童のみ集まり居て、物の用に立つべき侍は一人もなかりし。

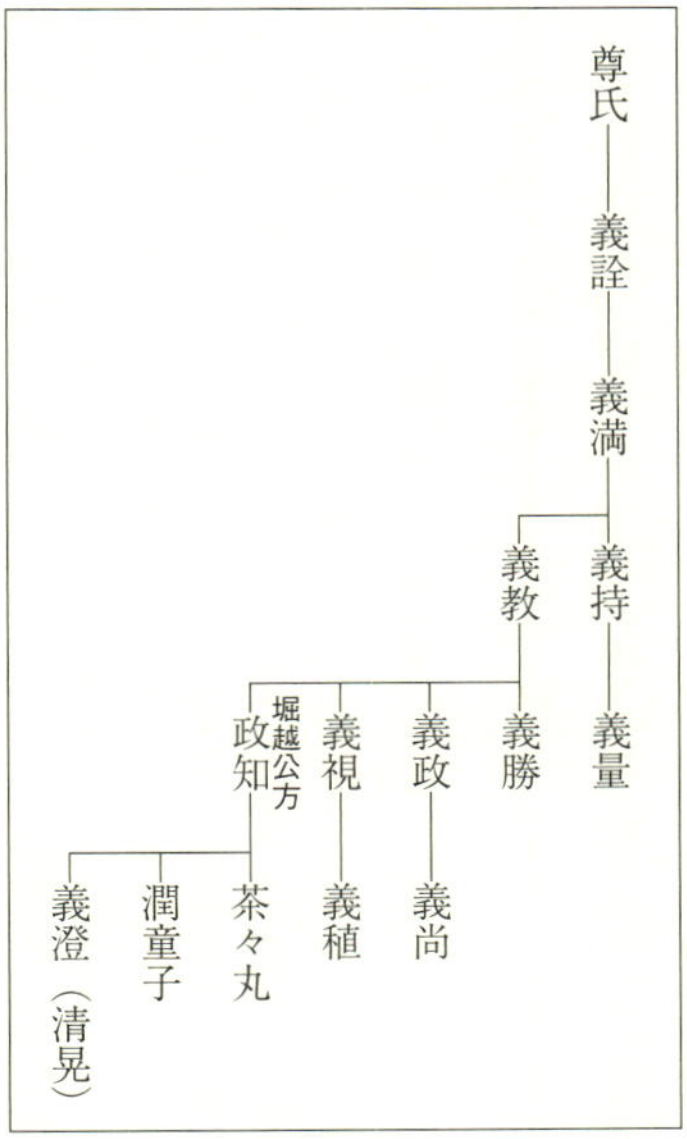

系図1　堀越公方略系図

この様子を聞いた早雲は、五百人の軍勢をもって押し寄せたという。一方、茶々

足利茶々丸の墓　静岡県伊豆の国市・願成就院

丸は「大森山」へ逃れ入ったが、ついに追い詰められて「山本《（下）》の寺」に駈け入り、自害したとされる。堀越御所の近く、狩野川に沿って小高い独立した山があるが、ここが大森山であり、正しくは守山という。山下の寺というのは、運慶が作った阿弥陀尊像によってよく知られている願成就院のことであり、同寺で茶々丸は自害した。いまも、境内に茶々丸の墓と伝えられるものがあるが、同寺の後方の山に沿って横穴があり、それが茶々丸の墓と伝えられている。明治の末ごろまでは、その当時のものと思われる五輪塔があったが、いつからか新しい石塔に代えてしまったとある（日本歴史地理学会『伊豆半島』〈大正二年〉）。

いずれにしても当時、山内・扇谷両上杉氏が争っており、伊豆国には上杉方の軍勢がほとんどいなかったことが、早雲をして容易に伊豆国を攻略することができた理由と思われる。

足利政知の墓と伝説

『小田原記』は、小田原北条氏五代の事績を書いた軍記物であるが、そのなかでまったく系統の異なる伝本『異本小田原記』は、早雲の伊豆国攻略の経過について、異なった内容の記事を載せている。つまり、「伊豆国の北条家は早雲の母方の伯父に当たり、その伯父が病死して子どもがなかったので、北条家の一門、桑原・田中両人が堀越公方政知に申し上げて、早雲に北条家の遺跡をつがせたらどうかと進言した。そこで長享二年（一四八八）、政知の命令によって早雲は伊豆国の韮山城に入り、北条家の遺跡をついだ」というものである。

同書はさらに、北条家の後家を早雲が後妻に迎え、娘を子氏綱《うじつな》の妻とした。そして伊勢氏から改名して、北条氏綱を称したとある。また、そのころ茶々丸が義母を殺したが、異母弟は母の死を悲しみ出家し、駿河国へ逃げた。同国の今川氏はこれをあわれみ、京都へ送り、天竜寺の香厳院へ入った。それがのちに将軍となった足利義澄だとする。そして、父政知（『異本小田原記』は、政知が改名して氏満を称したとする）と茶々丸が争い、延徳三年（一四九一）四月三日、政知は茶々丸のために自害させられたという。

早雲は韮山城からかけつけたが、政知はすでに自害したあとであった。やむなく遺体を同国三島の宝苗院へ運び、ねんごろに葬儀を営んだという。宝苗院は三島市川原谷の地福山宝鏡院のことで、鎌倉建長寺の末寺である同院は昔、宝篋院と書いたらしい。同院には、足利尊氏《たかうじ》の子義詮《よしあきら》の位牌と足利政知の位牌がある。義詮は尊氏のあとをついで将軍となり、貞治六年（一三六七）十二月七日に没し、宝篋院殿端山道惟大居士と称された。翌七年三月二日、義詮の遺骨は「関東へ下向」し（花営三代記）、宝鏡院では遺骨が同院に葬られたと伝えている。義詮の遺骨は高野山の安養院と摂津国の多田院、それに鎌倉円覚寺の塔頭黄梅院へ分骨されたことが、史料によってはっきりしているが、宝鏡院へ葬られたかどうかははっきりしていない。

いずれにせよ、同院には義詮・政知の位牌と墓石とがいまに伝えられており、政知の墓は同院の裏手、俗に「ショウトウ塚」といわれるところにある。なお、政知は堀越御所の寝殿西方の庭に葬られ、宝鏡院の墓は分骨されたものだという。

さらに『異本小田原記』は、早雲に攻められた茶々丸が守山の麓、願成就院にかけ入って自害したことを述べたのち、茶々丸の部下、戸山という者が早雲の野宿している御堂に忍び入り、火を懸け夜討ちをかけたことを記す。寝入っていた早雲の枕もとまで火がかかり、家人の笠原某がその火をかきのけ、早雲を助けた。そのため笠原は左手が焼け、指が生姜のようになってしまった。そうしたことから、伊豆国では生姜のことを「はじかみ」といわずに、早雲を恐れて「せうが《しょうが》」といったという。

そのころ早雲の館の門前に、

草の名も所によりて替りけり

伊豆の生姜は伊勢のはじかみ

という落書が立ち、これは早雲の本名が伊勢氏であることから、このようにいったのだとある。

これらは伝承にすぎないが、いずれにせよ、伊豆の侍たちはほとんど早雲にしたがい、堀越御所の支配した土地をことごとく押領してしまったといわれる。

早雲に最後まで抵抗した関戸吉信

堀越御所方の侍として最後まで抵抗した関戸《せきど》吉信《よしのぶ》のことが、『北条五代記』の記事に見える。吉信は、「関東道二十里山のおく」にある深根という所に古城を取り立てていた。深根城は河口が下田市に所在する稲生沢《いのうざわ》川の上流にあり、旧稲梓《いなずさ》村堀の内（下田市内）の小名殿屋敷という右岸の台地にあった。吉信は手勢二百人、雑兵五百人ばかりでここを守っていたという。

足利茶々丸の墓　静岡県下田市

この敵状報告を聞いた早雲は、「ねがふにさいはひ（幸）かな。当国へ発向すといへども、むかふ敵なければ、物さびしくおもひつるに、先かれをほろぼし、軍神の血まつりにせん」と、夜明けに裏山を越えて攻め寄せた。城は北が山、東・南が沼で、西に堀があり、逆茂木《さかもぎ》で防ぎ、門に矢倉を建てて固めてあった。そこで早雲は、付近の在家百軒ばかりをこわし、堀を埋めて攻めたてたので、一気に城は落ちた。吉信の一族をはじめ、女・子ども・僧まで一人残らず殺したという。その首を堀の周りに千余もさらしたので、恐れて降参する者が多かったとある。

吉信は、天城《あまぎ》山まで逃れて自害したと『豆州志稿』にみえ、その墓が古道の傍らにあったらしい。また、深根城のあった堀の内の小名槇ヶ窪《まきがくぼ》には、里人が「御所の墓」と呼ぶ墓石がある。これは足利茶々丸が堀越御所から逃げて、関戸吉信を頼ったが、早雲に攻められてここで自害したという伝承があり、茶々丸がいた場所を御所様と呼んでいる。

茶々丸の墓がある場所には昔、興福寺という寺院があったらしい。近くの箕作に龍巣院という寺があり、関戸宗尚《むねひさ》が創建したと伝えられている。宗尚は永享七年（一四三五）に死んだというから、明応二年（一四九三）に自害した吉信の父か祖父にあたる。関戸氏は、古くからこのあたりの領主であったのだろう。開山の吾宝宗璨《ごほうそうさん》も、長禄元年（一四五七）に死んでいる。龍巣院は稲生沢川の最上流、河津町逆川にある普門院の末寺である。普門院の開山模庵宗彭《もあんそうほう》は吾宝の弟子で、この地で生まれた。吾宝に学んだのち、京都にのぼり、大徳寺で一休和尚に師事し、そこで「激発」され故郷に帰った模庵は、「豆州檀越」の要請で普門院へ入ったと伝記にみえる。

寺伝によれば、鈴木采女正という者が堀越御所に請いて寺院を建立し、模庵を開山に迎えたとあり、堀越御所から寺田を寄進されたと伝えられている。普門院は五十余箇寺の末寺を有したが、本寺である最勝院は吾宝が開山で、かつては千二百箇寺をこえる末寺を有したという。なお、最勝院は上杉憲忠《のりただ》が父憲実《のりざね》と幼いときに隠遁したところである。憲実の弟清方《きよまさ》が、永享の乱（一四三八年）後、兄に代わって関東管領となり、結城合戦（一四四一年）で活躍し、上洛ののち帰国途中で自害してしまった。のちに関東管領となった憲忠は、叔父清方の霊を弔うために最勝院を創建し、吾宝を開山に迎えたという。

最勝院がある伊豆国大見郷、普門院がある河津庄は、いずれも同国守護であった山内上杉氏の領地である。吾宝一派の活躍は、伊豆守護山内上杉氏の支援を得ていたことが推測される。吾宝は曹洞宗の大雄山最乗寺（南足柄市）を開いた了庵慧明《りょうあんえみょう》の弟子大綱明宗《だいこうみょうしゅう》の高弟で、明宗のあと最乗寺をついだ春屋宗能《しゅんおくそうのう》は兄弟子である。春屋の弟子実山永秀《じっさんえいしゅう》は、永享の乱で殺された鎌倉公方足利持氏の霊を弔うため、上杉憲実が田京（伊豆の国市）に建立した蔵春院の開山に迎えられた。実山は、相模国の松田氏の出身といわれる。

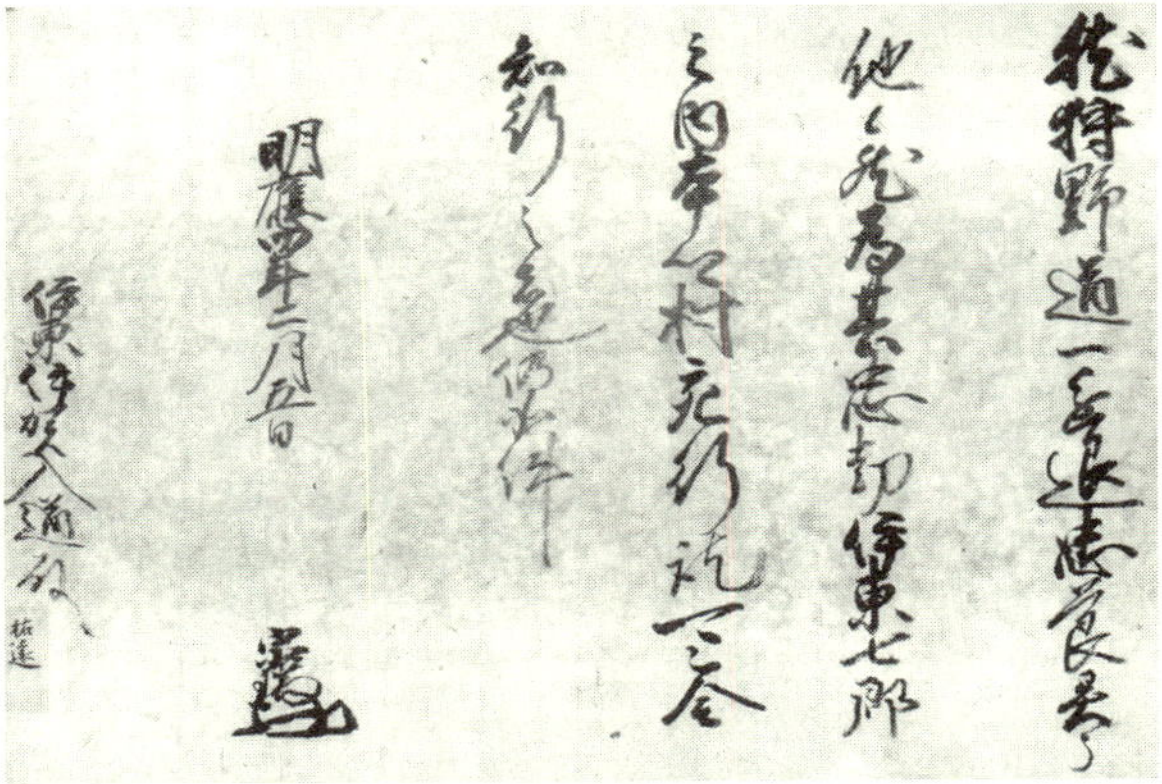

明応４年２月５日付け伊勢宗瑞判物　伊東文書　東京大学史料編纂所所蔵

関戸氏が創建した龍巣院がある箕作も、山内上杉氏の所領であった稲津郷宇土金村に隣接している。関戸氏は、山内上杉氏の家人であったのだろう。

『異本小田原記』は、さらに早雲が狩野介を攻めたと述べている。狩野介《かののすけ》は同国の豪族伊東氏の聟であったため、その弟で日蓮宗の僧であった円覚が狩野介に味方した。早雲には駿河国の今川氏が加勢し、葛山備中守が大将となり、狩野介を攻めた。そのため狩野介は敗れ、同国奈古屋（伊豆の国市）の国清寺《こくしょうじ》で自害し

今川義忠木像　静岡県菊川市・正林寺蔵

たという。

早雲が出した文書でもっとも古いものは、伊東家に伝えられた次の文書である。

狩野道一の進退につき、忠節他に異なり候、然ればその忠功として伊東七郷のうち本郷村をあてがい訖《おわん》ぬ。知行全うせしむべき者なり、よってくだんの如し、

明応四年二月五日　宗瑞（花押）

伊東伊賀入道殿

右の宛所の部分に、「祐遠」とはり紙がしてある。伊東氏は、平安時代末ごろから伊豆国伊東郷（伊東市）を本領とした武士で、同氏の家譜によれば祐遠《すけとお》は家祐《いえすけ》の子で、祐遠の子祐範《すけのり》・時《とき》氏《うじ》兄弟は応仁二年（一四六八）、駿河国手越河原の戦いで討ち死にした。

今川義忠と北川殿の結婚

この時期、今川義忠《よしただ》は応仁の乱のため上洛していたが、応仁二年（一四六八）にいったん帰国した。他の記録ではこの年、駿河国内でこのような戦いがあったという事実は示されていない。

隣接する遠江と尾張の両国と越前国を守護国とした斯波義廉《よしかど》が、西軍の山名宗全に属していたので、当時東軍の細川勝元に属していた義忠の帰国は、足もとの東海道諸国を斯波方に攪乱されないために行われたといわれている。あるいは、斯波方に味方する武士の動きでもあったのであろうか。

文明二年（一四七〇）、義忠は再度上洛し、十二月には帰国した。この上洛中に、義忠は幕府政所《まんどころ》の伊勢氏一族といわれる早雲の妹（北川殿）を妻に迎えている。北側殿の屋敷は安倍川の支流北川のほとり、現在の臨済寺があるあたりにあった。このため、北川殿といわれる。

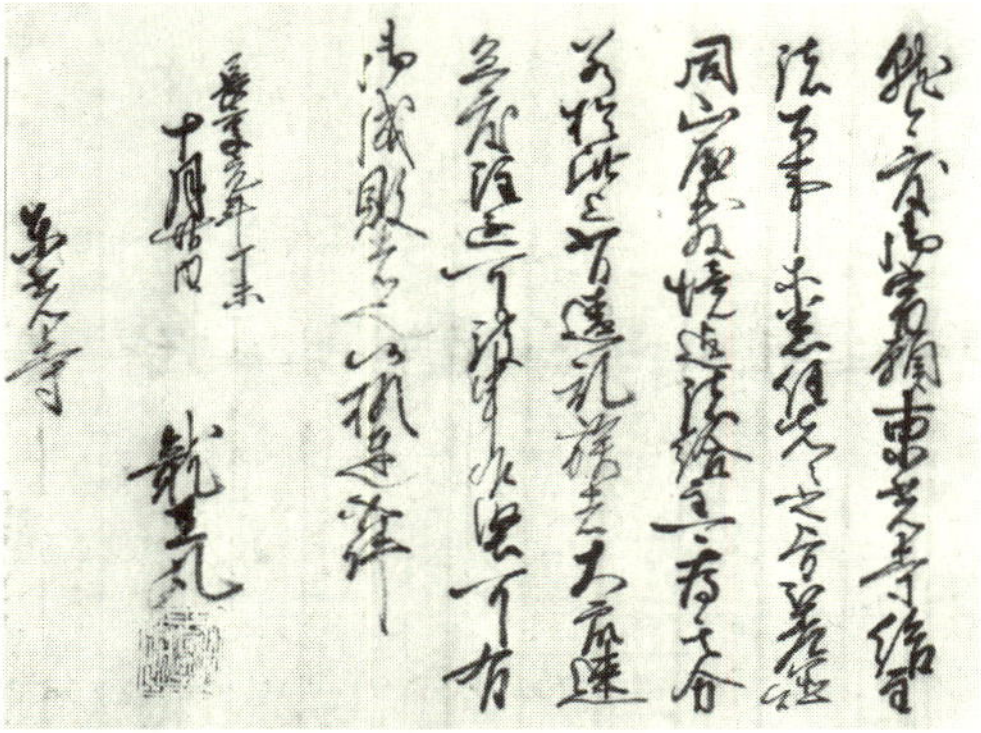
戦国武将として初めて発給した印判状とされる長享元年10月20日付け今川氏親安堵状　静岡県島田市・東光寺蔵

文明五年、義忠は将軍家御料所《ごりょうしょ》（直轄領）遠江国懸革（掛川）庄の代官に任ぜられている。そのころから、同国守護斯波氏と対立し、同八年、同国の国人横地《よこじ》・勝《かつ》間田《また》両氏により、塩買坂で殺害されてしまった。そのため、義忠の家督をめぐって、北川殿との間に生まれた竜王丸と従兄弟の小鹿範満《おしかのりみつ》との間に争いが起きている。範満は、今川範頼《のりより》（幼名を千代秋丸）と堀越御所の執事上杉政憲《まさのり》の娘との間に生まれ、同国小鹿（静岡市）を領地としていた。父範頼の母は、扇谷上杉氏定《うじさだ》の娘であったことから、家督争いに扇谷上杉定正《さだまさ》が介入し、定正の執事太田道灌《どうかん》と上杉政憲が派兵された。これを説得して引き揚げさせたのが、北川殿の兄北条早雲である。

調停の結果、竜王丸（氏親《うじちか》）が成人するまでの間、範満がその名代を勤めることになった。その間範満が出した文書は二通しか残っていないが、その内一通が伊東祐遠に宛てた先の書状である。つまり、祐遠は範満に属していたのである。長享元年（一四八七）十一月九日、早雲は駿河の今川館に範満を攻めて破り、氏親が駿河国主となった。この年十月二十日に同国東光寺に宛てた氏親の印判状が、戦国武将として初めての印判状といわれる。

この戦いの功によって、早雲は同国富士下方十二郷を与えられ、興国寺城主（沼津市）となった。

早雲にしたがった伊豆国人

長享二年（一四八八）の山内・扇谷両上杉氏の争いに、伊東祐実《すけざね》は山内上杉氏に属し、相模国七沢要害（伊勢原市）に扇谷上杉氏を攻めた。伊豆の国人狩野為茂《ためしげ》もこれにしたがっている。為茂は伊豆国仁科庄那賀郷（松崎町）の領主で、いうまでもなく狩野介の一族である。また、狩野道一は同国狩野城（伊豆市）に拠って、最後まで早雲に抵抗した。先の文書はそのときの文書である。

内容は、道一の進退に関し、祐遠の忠節を賞して、早雲が同国伊東七郷のうち本郷村を与えたものである。道一は、明応五年（一四九六）になってようやく降参したらしい。そのとき、同国雲見（松崎町）の領主高橋氏に与えた早雲の感状が残っている。

ところで、伊豆国一宮である三島大社に、道一についての文書が相伝されている。それは、同国守護山内上杉氏の奉行人、力石右知《ちからいしすけとも》が三島大社の社領三福郷のことで同宮神主東大夫に与えた書状である。そのなかに、狩野庄が道一の支配下にあったことが示されている。狩野庄は、修禅寺あたりから狩野川一帯にひろがる京都蓮華王院領の庄園であった。

小田原北条氏は、家印として虎の印判を用いたことで有名で、「禄寿応穏《ろくじゅおうおん》」の印文のうえに虎の伏した姿を刻みこんでである。この印判状が最初に用いられたのは、永正十五年（一五一八）十月八日、伊豆国木負《きしょう》の百姓・代官に宛てたもので、代官として「山角・伊東」の両人があげられている。彼らは同国内の北条氏の御料所を代官として支配したといわれており、狩野氏ものちに北条氏の評定衆を勤めている。

このほか早雲には、伊東・狩野両氏のように古代末期以来の同国豪族ばかりでなく、三津《みと》（沼津市）の松下氏、江梨（同）の鈴木氏、大見（伊豆市）の梅原・佐藤・上村（大見三人衆）の三氏、土肥（伊豆市）の富永氏、田子《たご》（西伊豆町）の山本氏、雲見（松崎町）の高橋氏、妻良《めら》（南伊豆町）の村田氏などがしたがった。

『北条五代記』は、「伊豆一国は三十日の中に相違なく（早雲によって）おさめられたり」と述べているが、それほど簡単でなかったことは、狩野介の例によってもわかる。

舟運を利用して伊豆を切り取る

同じ『北条五代記』には異説として、早雲は駿河国清水浦（静岡市）から舟で海を渡り、伊豆国を切り取った話をのせている。それによれば、早雲は病気と称して伊豆国修禅寺に湯治に来ていた。そして人々のうわさを聞き、勢力のある武将が一人もいないとのことで、早速駿河国府中に帰り、清水浦で大船十艘を用意し、五百人の軍勢を引きつれて早朝に出発した。そして日中に伊豆国の松崎・西奈・多子・阿羅連（いずれも西海岸）の湊に着き、南伊豆の深根城に拠った関戸吉信を、裏山から攻め落としたというのである。

この清水浦というのは、江尻《えじり》浦のことではなかろうか。同浦は南北朝初期のころから知られている。建武四年（一三三七）のころ、伊勢国大湊《おおみなと》（伊勢内宮の外港）の住人尼法宗の亡夫道妙の弟定願が、駿河国江尻に住んでおり、法宗は定願とその弟子らが船四艘を抑留したとして争っている。そこで、船頭を証人として召喚した。室町時代の水運コースに、伊勢大湊を中継にして伊勢神宮と東海道諸国を結ぶ伊勢湾の水運があった。この方面に活躍した船舶は、「伊勢船」といわれ、江尻はそうした伊勢船の寄港地であった。

鎌倉円覚寺の駿河国内にある寺領の年貢が、毎年「江尻の津」から鎌倉へ送られたことを示す史料が、同寺に伝わっている。また、円覚寺造営に用いられる材木が、木曾川を下って桑名から鎌倉まで、海上を船で筏に組まれて運ばれている。このように、伊勢湾から駿河湾を経て、伊豆沿岸から相模湾へといたる水運が、室町時代に盛んであったことがわかる。

早雲は、そうした大船を徴発して、江尻の津から伊豆西海岸の湊へ一斉に上陸したというのである。その一つ松崎に、「廻船大法《かいせんだいほう》之《の》巻物《まきもの》」と題する船舶の航法を定めた巻物が伝えられている。廻船式目《かいせんしきもく》は、鎌倉時代の初め（貞応二年・一二二三）、時の執権北条義時《よしとき》の諮問に答えて、摂津国兵庫湊（神戸市）の辻村新兵衛、土佐国浦戸湊（高知市）の篠原孫左衛門、薩摩国房野津（南さつま市）の飯田備前守がその船法を述べたとされるものである。松崎の「廻船大法之巻物」にも、奥書にその旨が書かれている。そこには「右の船法は土佐国浦戸の篠原家に伝えられた正本の写である。秘して他見これなきといえども、末代の調宝となすによって、望みにまかせて伝え仕まつるものなり」とあり、明応元年（一四九二）、土佐国の和田仁兵衛が伊豆国松崎の内田六右衛門に宛てたことが記されている。

図１　伊豆半島の湊

　近時の研究によれば、文体や用語からみて、廻船式目は室町時代の末ごろの海上慣習法をまとめたものとされている。いずれにせよこれが松崎に伝えられていることは、室町時代の末ごろ、この地における舟運がいかにさかんであったかを示すものである。天正七年（一五七九）、江奈の伊勢大明神社殿造営の棟札《むなふだ》によると、「商人・参左衛門」などとともに、「遠州商人甚左衛門」らが寄付をしている。また、弘治三年（一五五七）の北条家朱印状には「松崎船番匠」とあり、「道部船方番船」・「四板舟」や船舶出入りの掟など、舟運に関する史料が伊豆西海岸の各地に伝来している。これらの船人が伊豆水軍として、のちに豊臣秀吉の軍勢と争う北条氏の水軍の主力となる。

早雲の軍船が着いた伊豆西海岸の湊は、松崎、西奈＝仁科、多子＝田子、阿羅連＝安良里《あらり》（西伊豆町）である。早雲の軍船を見た浜辺の在所の者たちは、「やれ敵の海賊が来た」と驚き、親を捨て、子を捨てて我先にと山の中や谷戸《やと》の奥へと逃げ隠れた。ところが早雲の軍勢は少しも騒がず、舟の道具を陸あげし、草葺の陣屋をつくり、次の三箇条の高札を立て、

禁　制

一、あき家に入って道具などを奪うこと

一、一銭でも取ること

一、国中の侍や土民が住居から立ち去ること

を禁じた。

『北条五代記』には、さらに当時、伊豆国では「風病」が流行していて、「一家に十人わづらひ、八、九は死」に、そこに早雲の軍勢が押し寄せてきたので、病人をさし置いてじょうぶな者は逃げて

しまった。そこで早雲は医師に命じて良薬を調合させ、人々にのませたとある。こうしたことを聞いて、人々は早雲に帰服したという。

そのころの伊豆国は一郡を十人、二十人ずつで分け持ち、下々の侍たちは田地を手作りし、「しかとしたる大将」は一人もいなかったと『北条五代記』にある。早雲のもとに一番に味方した土豪たちは、三津の松下三郎左衛門尉、江梨の鈴木兵庫助、土肥の富永三郎左衛門尉、田子の山本太郎左衛門尉、雲見の高橋将監、妻良の村田市之助、大見三人衆の梅原木工右衛門、佐藤四郎兵衛、上村玄蕃などである。また『小田原旧記』は、「右早雲寺殿様、伊豆御打入以後一国平定の砌《みぎり》、初めより味方に属した家」として、桑原・横井・松下・遠山・富永・高橋・鈴木・山本・佐藤・安藤・山角・狩野・村田・上村・梅原・朝倉・横地・田中・南条・清水の二十家をあげている。

伊豆侵攻にしたがった武将たち

当初から早雲方として伊豆国へ侵入したのは、荒木兵庫頭、多目権兵衛、山中才四郎、荒川又次郎、大道寺太郎、在竹兵衛尉らである。『小田原旧記』は、これらの諸氏を「御由緒家」としている。そして、「右の者は早雲寺殿様の御草創、七手の御家老衆の家で御家門に准ずる」とする。『北条記』には、早雲を含めた七人は関東へ下向する以前から親しい間柄で、弓矢修行で関東へ下るとき、神水を飲みかわし、「この七人はいかなることがあっても不和のことがあってはならない。お互いに助けあって、軍功を励まし、高名をあげよう。また一人が大名となることがあっ

興国寺城跡本丸の土塁　静岡県沼津市

たら、残るものたちはその家人となって取り立て、国を多く治めよう」と誓ったとある。

早雲は、伊豆国へ入る前は駿河国興国寺城（沼津市）にあり、そのときすでに、郎従（家来）を二、三百人したがえていた。『小田原旧記』は、「早雲寺殿様が伊豆国へ打ち入るとき、駿河国から御供をした家」として、葛山、九島《くしま》（福島）、岩本、朝比奈の四家をあげている。『異本小田原記』には、早雲の伊豆侵攻のとき、駿河国の今川氏が加勢として葛山備中守を大将として送り、岩本以下がかけつけたとある。

葛山備中守は、駿河国大森鮎沢御厨内の葛山《かつらやま》（裾野市）を本領とする、鎌倉時代以来の同国御家人の一族である。備中守は、同国守護今川氏に属した有力な豪族で、早雲の次男氏時《うじとき》は、のちにその養子になったとされ、三男の長綱《ながつな》（のち幻庵《げんあん》）も、系図に「葛山三郎」とみえる。岩本氏は、早雲が今川氏から与えられた富士下方の十二郷の内、富士川河口近くに岩本という所があるので、おそらくそこの出身であろう。九島氏は、のちに綱成《つなしげ》が北条氏綱の養子となり、相模国玉縄《たまなわ》城主（鎌倉市）となっている。

朝比奈氏は、駿河国志太郡朝比奈郷（藤枝市）を本領とする、今川氏の有力な部将であった。『北条五代記』は、伊豆国賀茂郡の住人朝比奈知明《ともあき》が、南方の海に島があるのを聞いて、大船一艘に多くの人を乗せ、同国下田（下田市）の湊から渡海し、その島に着き、住人にここを伊豆国の内と申しつけて帰り、そのことを早雲に報告した。喜んだ早雲は、知明に下田郷を与え、知明の孫兵庫助はいまも下田を知行している。この島からは北条家五代の間、毎年貢絹が納められたとしている。

早雲が伊豆国を治めるまで、この島（八丈島）の名を聞くことはなかったというが、すでに伊豆国守護であった山内上杉氏の所領に、大島、新島、外島、神津島、三宅島、八丈島の伊豆七島があった。山内上杉氏の代官として、八丈島を六十余年にわたって支配した奥山宗林《そうりん》は、武蔵国久良岐《くらき》郡神奈川の湊（横浜市神奈川区）に氏寺（宗興寺）があり、八丈島との間を往復していた。宗林は現地に自己の代官を置き、島の一部は三浦道《どう》寸《すん》（義同《よしあつ》）の代官が支配していた。

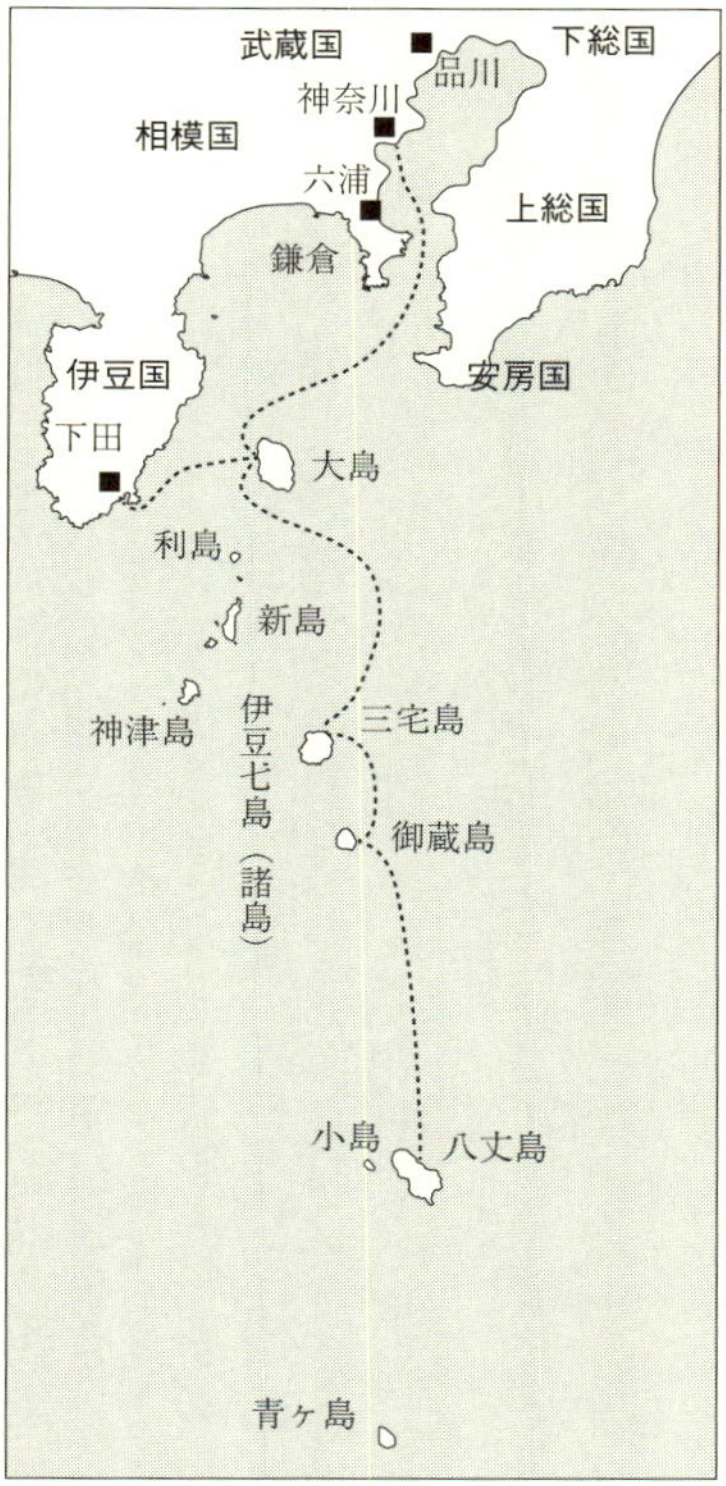

図2　伊豆七島位置図

なお『八丈実記』は、

道寸の代官を「朝夷弥三郎」とする。朝夷氏は三浦氏の一族で、鎌倉十二所《じゅうにそ》と金沢区との境にある朝比奈峠（切り通し）にその名をとどめている。しばしば混同されるが、藤原姓の駿河国の朝比奈氏とは異なる。

『八丈実記』には、永正十一年（一五一四）、早雲の代官「駿河ノ円明」が二百騎ばかりで八丈島に押し寄せ、上杉方の代官奥山氏は島を逃れ、その弟は捕らえられ、のち北条氏にしたがって八丈島の代官になったとある。

小田原北条氏のころ、八丈島往来の年貢船は二艘で、一つを鬼丸、他を蛇丸といい、鬼丸の船頭を代々高村氏が務めたという。このころから、年貢船は伊豆国下田湊へ往復するようになった。

領民の支持を得た伊豆国支配

北条早雲が伊豆国へ進攻した際、ともにしたがった者のほか、伊豆国の侍たち二十氏が早雲に属した。彼らを伊豆衆と呼ぶ。こうして、早雲の家臣団は拡大していった。早雲は、伊豆国進攻にあたって軍勢の乱妨を禁じ、流行病に苦しんでいた住民の治療に努め、百姓・土民の支持を得たとあるが、とくに年貢を思い切って軽減したことが、政策の特徴としてあげられている。

『北条五代記』には、早雲が高札をたて、「前々の侍の年貢が過分のため、百姓は疲れていると聞く。これからは年貢は五つ取るところを二つは減じ、四つは地頭へ納めよ。このほかに一銭といえども徴収してはならない。もしこの法度《はっと》に背く侍がいたら、百姓は申し出よ。侍の領地は取り上げる」ことを定めたとある。

そして、早雲は侍たちには「国主にとって民は子どもである。民にとっては地頭（侍）は親である。私だけがいうことではない。昔からきまった道である。年中百姓の耕作を検地して、四つしかないところを五つあるといって取り立て、そのほかに夫銭《ぶせん》・棟別《むなべつ》、野山の役などを賦課し、あらゆるものを押し取って、分際に過ぎた振る舞いをして百姓を餓死に追いこむ。いま早雲が定めるところは、年間に収納する穀物のほか、一銭たりとも百姓にかけてはならない。地頭と百姓が仲よくし、願わくば民が豊かであってほしい」と申し渡したという。

北条早雲肖像　岡山県井原市・法泉寺蔵

それまでの地頭は、守護に一定の課役を納め、あるいは夫役を勤めるほかは、領内の住民は自由に使役することができた。また、万雑公事《まんぞうくじ》を賦課し、あらゆるものに名目をつけて徴収したり、使役した。これに対して早雲は、地頭が勝手に行う課役を一切禁止し、すべて早雲の定めたものに限ることにしたのである。
さらに早雲は、堀越公方が直接に支配していたわずかの領地（御料所）のみを「台所領」（直轄領）とし、ほかはもとの侍の領地として安堵した。早雲は、大見三人衆の佐藤四郎

北条早雲の本拠・韮山城跡の土塁　静岡県伊豆の国市

兵衛に「伊豆国田方郡大見郷は、佐藤四郎兵衛が先祖から相伝した。然るに最前に味方になったことは神妙である。このたびあらためて地頭職に補する。子々孫々永代他に妨げがあってはならない。百姓ら承知すべし。けっして違失があってはならない」という印判状を出したと、『北条五代記』にある。小田原北条氏の家臣が知行した所領を記した『小田原衆所領役帳』に、伊豆衆として、

一　大見衆三人

百貫文　　豆州　大見

とあるのがそれである。いまも大見の旧家佐藤家に伝えられる北条家印判状によっても、このことが裏づけられる。

また、『北条五代記』は以下のエピソードを載せる。伊豆下田の近く、深根城にあった関戸吉信を滅ぼした早雲は、翌日同国の北条（伊豆の国市）に着いたとし、ここがかつて鎌倉時代の初め、北条時政《ときまさ》が住んだ場所だということを在所の者に聞き、源頼朝が挙兵した所で、まことに吉例なりとして、その旧跡を再興して居城とし、人々は「北条殿」と呼んだ。そこで早雲は、「北条氏が絶えて久しい。自分はその名を求めないが、人々がそのように呼ぶから、北条の名をつぐことを願い、伊豆一宮の三島大明神に参籠し、その霊夢によって

上杉氏討伐を決意した」という。その夢とは、「二本の大杉があり、その一本を鼠《ねずみ》がくい倒して眼が覚めた。これは両上杉を退治すべしということだ」と解したのである。

伊豆国を平定した早雲は、同国韮山《にらやま》に城を築き、ここに住んだ。韮山城は堀越御所の家臣外山豊前守の居城であったという。平安末期、平家方の伊豆国目代であった山木兼隆《かねたか》が住んだ山木館につづく韮山に、早雲が城郭を構えたのは、伊豆国支配をするうえで位置が適当であったからであろう。

第二章　小田原城奪取と相模平定戦

大森氏を逐い小田原城へ

伊豆一国を制圧し、上杉氏討滅を決意した北条早雲は、伊豆国から相模国への進出を企図し、同国西郡を支配する大森氏としきりに交際を深めている。

小田原城に拠る大森氏は、明応三年（一四九四）八月二十六日、当主の氏頼《うじより》（寄栖庵）が病没し、藤頼《ふじより》が家督をついだ。そのころ大森氏の軍勢は、両上杉氏の合戦に扇谷上杉方として出陣中であった。早雲は藤頼に使者を送り、箱根山で鹿狩りを行いたいと申し入れ、足軽などに夜討ちの支度をさせて、箱根山中の日金山（熱海市）から石橋（小田原市）、湯本（箱根町）のあたりに配置した。合図を待って千頭の牛の角に松明をつけ、一斉に石橋山や箱根山へ追いあげ、そして石橋や米神の辺りで螺貝を吹き、鬨《とき》の声をあげ、板橋の町屋に火をかけた。これを見た小田原城の軍兵は恐れをなし、西郡住人の成田某は城主大森藤頼に、急いで同国岡崎（平塚市）辺りへ逃げるようすすめた。こうして、早雲は西郡を奪い取ったのである。

『鎌倉大草紙』には、「大森安楽斎父子は竹の下より起て、小田原の城を取立、近郷を押領す」とある。『大森葛山系図』によると、安楽斎は頼明《よりあき》の子頼春《よりはる》のことである。父頼明は応永十二年

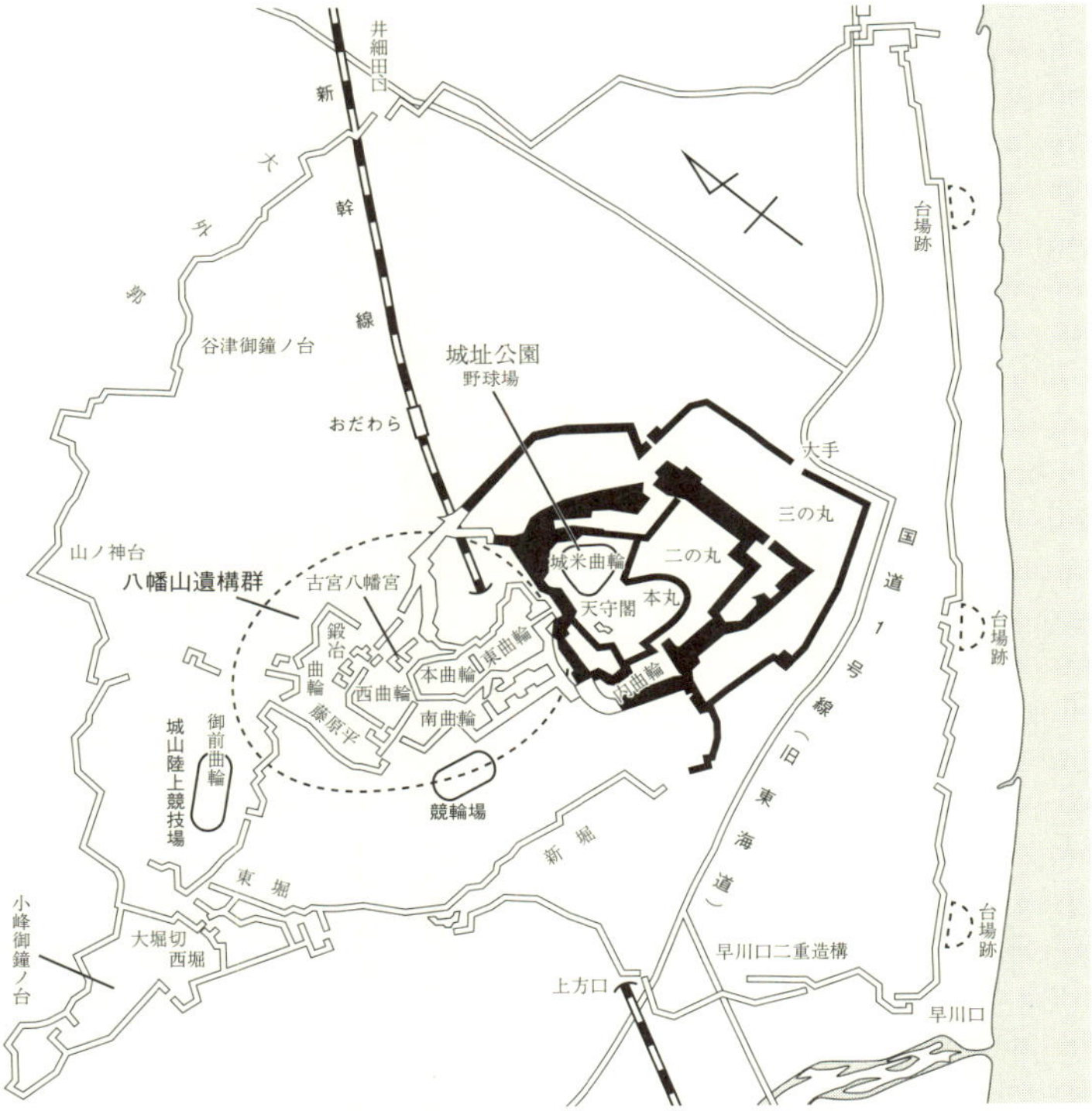

図３　大森氏時代の小田原城（八幡山遺構群）　その他の遺構は北条氏時代のもの

（一四〇五）に死に、翌十三年、鎌倉円覚寺の法堂造営費用に伊豆国の府中に立てられた関所の関料が充てられたとき、信濃守頼春は毎年百五十貫文でその徴収を請け負った。頼春はとくに上杉禅秀の乱（一四一六年）で活躍し、その功によって禅秀方であった土肥、土屋両氏が支配していた相模国西郡を与えられた。乱後、頼春は相模国狩野庄内（小田原市）の地を、駿河国鮎沢御厨内の二岡覚智院（御殿場市）へ寄進している。平安時代の末から、大森氏

上：大森氏一族の墓　静岡県小山町・乗光寺
下：大森道光寄進の石灯籠　静岡県御殿場市・二岡神社

はこの鮎沢御厨を領有していた。頼春と同じころ、大森憲頼《のりより》も相模国西郡飯田郷（小田原市）内の地を覚智院へ寄進している。憲頼は頼春《よりはる》の子である。頼春は道光を称し、覚智院のあった御殿場市東田中の二岡神社境内には、彼が寄進した石燈籠がいまも現存している。

永享四年（一四三二）、公方持氏は鎌倉松岡八幡宮（鶴岡八幡宮の境内に所在）の修理費用として相模国小田原に関所を立て、三箇年の関賃を徴収して充てることを某信濃守に命じた。この信濃守は、憲頼の兄弟であった氏頼らしい。永享の乱（一四三八年）で憲頼は公方持氏方に、氏頼は上杉氏にそれぞれ与《くみ》した。彼らの兄弟実雄《じつゆう》は箱根別当で、この乱に憲頼と行動をともにしている。父頼春がそのころも存命であったことは、子憲頼とともに霊彩筆「涅槃図」を駿河国浄居寺に寄進していることで明らかである。

同寺は、鮎沢御厨内の生土《いきど》（駿東郡小山町）に現存する（いまは乗光寺といわれ、境内に大森氏一族の墓がある）。当時は頼春の子友石明訓が住持であった。明訓はまた、鎌倉東勝寺（元弘三年・一三三三、北条氏一門が討ち死にしたことで有名）の住持をも勤めたことがあった。この寺は一時、足柄上郡山北町平山に移り、寺伝によれば永禄十二年（一五六九）に武田信玄が小田原城を攻めたとき、七堂伽藍がことごとく焼失し、その跡は原野になったとある。その後江戸時代、大森氏を再興した頼直《よりなお》が、もとの地である小山町生土に再建したという。

浄居寺が相模国西郡へ移転したのは、大森氏が小田原城へ移ってからであろう。「竹の下」は小山町足柄のことで、古来、足柄峠の入り口にあった宿場である。小山町、御殿場市一帯が鮎沢御厨で、大森氏はここを領地にしていたのである。

大森氏が竹の下から小田原城に入ったのは、『鎌倉大草紙』によれば頼春父子のときで、前後の記事からすると、鎌倉公方足利成氏が関東管領上杉憲忠を殺したために起こった享徳の大乱（一四五四年）以後である。

箱根山を支配した大森氏

「太田道灌状」の一節に、「大森信濃守の事は、父子兄弟の間相い分れて最初より御方《（味方）》致し」と

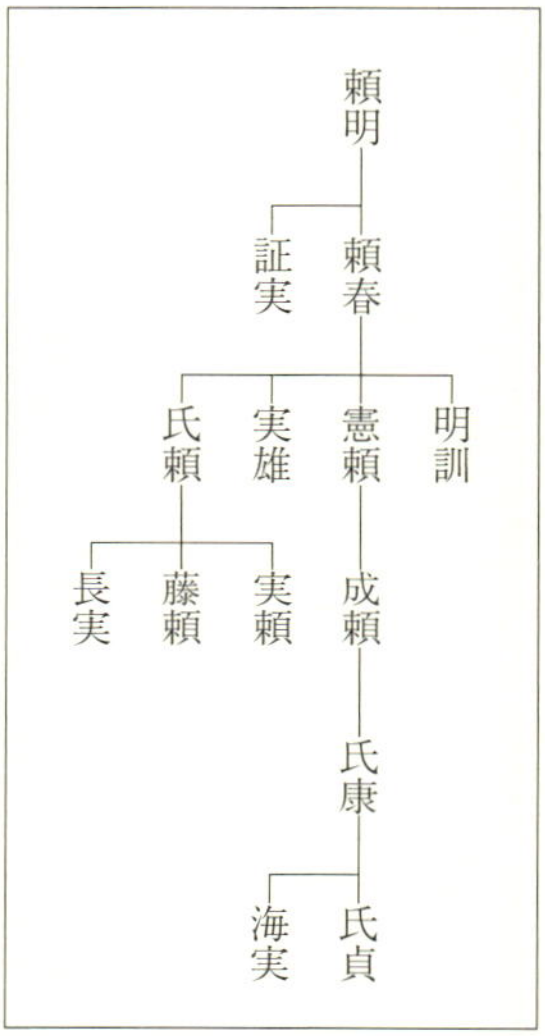

系図２　大森氏略系図

見え、享徳の大乱で大森氏一族は分裂し、争ったことがわかる。つまり、安楽斎（頼春）とその子、子ども同士が対立して公方成氏方と上杉方に分かれ、信濃守は上杉方の太田道灌に味方した。この信濃守は、頼春の子氏頼であろう。氏頼の兄弟憲頼については、『太田家記』に「文明十年、大森伊豆守退治のため、（太田道灌公が）馳せ向かい、一日の内に責め落とし、大森は城を明け遁れ、箱根の奥に隠れた」とある。憲頼は上杉氏に敵対し、扇谷上杉氏の家宰太田道灌の攻撃を受けたのである。

箱根権現の別当は、「建武大乱ノ時」に実感《じっかん》が伯父契実《けいじつ》を討ち、別当職を奪いとってから、箱根山の衆徒の間で争いが絶えなかった。そうしたことから、同別当定実《じょうじつ》が礼堂の縁側から落ちて死んだあと、宗実《そうじつ》と弘実《こうじつ》との間で別当職の相続をめぐって争いがつづいた。その宗実が、同山衆徒十三人を罰した罪で罷免され、弘実が再び別当になった。

箱根神社に伝えられる『箱根山別当累世』によると、「慶（契）実（32）―実顗（感）（33）―弘実（34）―宋（宗）実（35）―証実（36）―実雄（37）―禅雄（38）―海実（39）―長綱（40）」（数字は世代）とある。先の弘実は鶴岡八幡宮の供僧《ぐそう》で、証実《しょうじつ》は大森頼春の兄弟である。さらにそのあと別当になった実雄は頼春の子、海実《かいじつ》は実雄の甥である。同寺四十世として海実のあとをついだ長綱は、北条早雲の次男であった。このように、大森氏一族は箱根山を支配していたのである。

なお、証実が箱根山別当であったのは上杉禅秀の乱のころで、公方持氏《もちうじ》が禅秀方に追われて箱根山へ逃れたとき、これを助けている。その証実は、大蔵経《だいぞうきょう》の経典を朝鮮国から求めるとき、幕府にその申請を行い、将軍義持《よしもち》から朝鮮国王へ宛てた親書を下付されたことが、『善隣国宝記《ぜんりんこくほうき》』に記されている。文明十年（一四七八）、大森憲頼は太田道灌に攻められて箱根山へ逃れているが、道灌の作といわれる『慕景集《ぼけいしゅう》』に、「小田原の役」のとき、箱根別当長巽と道灌が和歌の贈答を行ったという記事がある。「箱根山別当累世」には、長巽が別当であったということは見えないが、『大森系図』には大森氏頼の子長実が「箱根別当」とあり、おそらく彼のことであろう。また同系図では、海実は上杉方に敵対した憲頼の孫氏康《うじやす》の子とある。

曹洞宗をひろめた大森氏出身の安叟一派

大森氏は、相模国の信仰上、古くから霊山とされた箱根山信仰の拠点、箱根権現の別当を占めるほか、その外輪山、明神ヶ岳の中腹にある大雄山最乗寺（南足柄市）をも手中にした。最乗寺の開山了庵慧明は、相模国糟屋（伊勢原市）の人で、同寺創建には、扇谷上杉氏の家宰太田氏がかかわったという。二世大綱明宗は、足柄上郡大井町の赤田に庵（大綱院）を営み、そのあとを春屋宗能がついだ。最乗寺には、宝徳三年（一四五一）に春屋が定めた寺制が伝えられている。その弟子安叟宗楞は文明十年（一四七八）、最乗寺の住持を輪番で勤めることについて、当時同

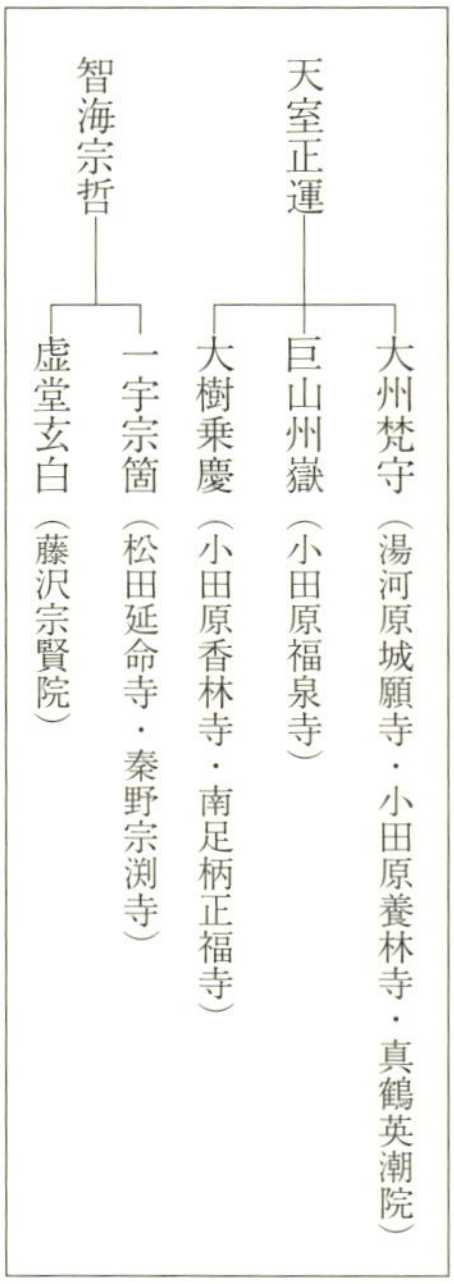

系図３　安叟一派の法灯

寺にいた在仲宗有に宛てて書簡を送っている。

安叟は文安二年（一四四五）、小田原の久野に総世寺を開き、開基は大森氏頼であった。『延宝伝《えんぽうでん》燈録《とうろく》』に、安叟は大森氏の出身とある。総世寺には文明三年につくられた安叟の画像があり、自賛がつけられている。その賛によれば、画像は氏頼がつくったことがわかり、同画像は小田原市の指定文化財になっている。安叟は同市早川の海蔵寺開山で、土肥氏に招かれて湯河原町の保善院開山にもなっている。海蔵寺には文明十四年、安叟が法嗣《はっす》の位次（後継者の順番）を定めた文書が伝えられている。また、俗人として大森氏頼の名（寄栖庵）も加えられている。

文明十六年、安叟は総世寺で亡くなった。翌十七年、万里集九《ばんりしゅうく》が太田道灌に招かれて関東へ下向するとき、駿河国定輪寺（沼津市）で一泊している。安叟は文明二年ごろ同寺におり、万里が立ち寄ったときには、その弟子学甫永富が住持であった。この安叟の弟子たちによって、相模国西部一帯に曹洞宗がひろめられたのである。

総世寺の九条の袈裟（七条・五条とともに三衣といわれ、大衣として朝廷などで法を説くときに用いる）は、道元（永平寺開山）が宋国の天童如浄から与えられたもので、文正元年（一四六六）、安叟は弟子智海宗哲にこれを譲った。また、小田原市板橋の香林寺は早川の海蔵寺、それに総世寺とともに「小田原三寺」といわれ、相模国西部の曹洞宗を支配したという。とくに「板橋の地蔵さん」として知られているが、同寺の寺宝に安叟から伝えられた竹布製の袈裟がある。

三浦道寸とその一族の内紛

安叟が開山であった総世寺が歴史の舞台に登ったのは、小田原城が早雲に奪われる前年（明応三年・一四九四）のことであり、そのころ総世寺にあった三浦道寸が、父時高《ときたか》を三浦新井城に攻めた事件である。

道寸の母は大森氏頼の娘で、扇谷上杉氏の高救《たかひら》に嫁し、高救も一時、三浦時高の養子になっていた。しかし、時高に実子高処が生まれたので、ふたたび上杉氏に復したと『三浦系図』にある。『北条記』は、時高は道寸（義同《よしあつ》）を養子にしたが、晩年に実子ができたので、義同を追い出し、実子に家督を譲りたいと思い、義同を討つことを企てた。そのため、義同は髪を切ってひそかに三浦を出奔し、相州西部諏訪原の総世寺に入り、「会下僧《えげそう》」の姿になったとある。時高のこの仕打ちに、家臣の多くが義同方につき、大森藤頼や一門の箱根別当海実も味方して、明応三年九月二十三日、父時高を三浦新井城に攻め、自害させたというものである。

義同は、総世寺二世智海の弟子であったという。『三浦系図』に時高の実子とある高処は、高救が本姓上杉氏に復したのち、時高の家督をついで三浦介となって、堀内の居館に住み、のちに

足利成氏の墓　栃木県野木町・満福寺

逐電したとある。このことは、義同が総世寺に入ったあと三浦介となり、義同が時高を討ったとき、逃亡したのではなかろうか。

ある三浦系図には、時高には高教《たかのり》（道香）という実子があったとしている。この道香の墓が、逗子市の延命寺境内にある。延命地蔵で知られる同寺は、三浦氏代々の祈願所であったという。道香はのちに、三浦氏と北条氏綱との戦いで戦死したと伝えられている。

北条早雲の小田原城攻略は、大森氏の有力な縁者三浦氏一族の内紛にも助けられたといえよう。

戦国初期の相模諸寺と足利氏・上杉氏

明応三年（一四九四）、上杉定正《さだまさ》は武蔵国高見原の陣中で病没し、同じ年、三浦時高は養子義同（道寸）に殺され、大森氏頼も没した。

彼らとともに、関東の大乱（享徳の大乱）の立役者であった古河公方の足利成氏も、「中風《ちゅうぶう》」の身であった。鎌倉極楽寺に対し、「中風」の平癒《へいゆ》につき祈祷した巻数を贈った成氏から感謝状が送られている。成氏は明応六年九月晦日、六十四歳でなくなった。「事しげき世に任せて、葬送の営みも、形の如く」行われ、山下近き野辺の叢に、「一堆の塚の主」となった（鎌倉公方九代記）。成氏の菩提所は、下総国古河（古河市）の乾亨院満福寺である。のち永仙院と院号を改め、公方晴氏《はるうじ》の菩提所となった。

翌明応七年、足利政氏《まさうじ》は玉隠英璵《ぎょくいんえいよ》を鎌倉建長寺の住持に任じている。玉隠は、藤沢道場（遊行寺）で其阿と会見し、翌八年には藤沢上人に数珠をもらっている。この年玉隠は、鎌倉扇谷の建徳寺で上杉朝良《ともよし》が営んだ祖父持朝《もちとも》の三十三回忌の導師を勤めた。その玉隠の法語のなかに、持朝の子朝昌《ともまさ》が大庭城を守っているとある。のちに朝昌の孫朝興《ともおき》は朝良の子藤王丸の名代となって、扇谷上杉氏の家務を采配するが、彼の幼名は大庭又五郎といった。つまり、朝興は父朝寧《ともやす》（朝昌の子）とともに、幼ないころ大庭城にいたのである。

ところで、建長寺に「喜江禅師像」といわれる画像がある。明応九年、玉隠はこれに賛を加えている。喜江は寿歓といい、同寺塔頭広徳庵主であった。また、鎌倉山内にある長寿寺の住持にもなっている。長寿寺は、鎌倉公方基氏《もとうじ》が父尊氏のために建てた寺で、鎌倉諸山の一として、公方が焼香する御寺であった。下野国東茂木保内四箇村が同寺の領地で、「長寿寺殿御仏事料」に充てられている。長寿寺殿とは、足利尊氏のことである。同寺の開山は古先印元で、その弟子中和等睦が喜江の師である。中和は足柄上郡大井町の地福寺開山で、同寺はその地の領主二階堂政貞によって建立された。

建長寺広徳庵は古先の塔所で、同庵の末寺に三浦郡公郷内の崇賢寺があり、中和の菩提所であった。崇賢寺は、『吾妻鏡』には「宗元寺」とあり、平安時代からの古刹である。いまは曹源寺と書き、曹洞宗の寺院で県立横須賀高校の裏手にある。現在の寺は昔の薬師堂があったところで、付近からは古代の瓦などが出土し、礎石の位置などから、法隆寺式の伽藍配置ではなかったかと推測されている。扇谷の海蔵寺に伝えられている崇賢寺の文書によれば、文亀二年（一五〇二）のころにも、崇賢寺の薬師堂が残っていたことがわかる。薬師堂の本尊は、〝三浦の薬師さん〟として知られており、眼病平癒の祈願所として、庶民の信仰をあつめたという。

前年の文亀元年には、駿河国から連歌師宗長《そうちょう》が富士山を横に見ながら足柄山（峠）を越え、「こゆるぎの磯」（大磯町）を通り、鎌倉を訪れている。このとき鶴岡八幡宮を参拝し、石清水八幡宮よりも神威の増す境内の雰囲気に感慨を述べ、「九年がこのかた、山の内・扇谷鉾楯の事出来て、凡八ヶ国（関東）、二かたにわかれて」争うことから、道中の難儀を訴え、武蔵、上野両国を経て、師匠の宗祇《そうぎ》と越後国の府中（上越市）で落ち合っている。

諸勢力を巻き込んだ武蔵立河原の合戦

明応四年（一四九五）、小田原城を逐われた大森藤頼は真田城（平塚市）に逃れた。現在の東海大学に近いところにあった真田城は、扇谷上杉氏の相模国守護代上田氏の守城であった。翌五年、扇谷上杉氏と対立する山内上杉顕定《あきさだ》は、古河公方政氏を奉じて相模国へ侵入し、小田原城近くまで攻めこんだ。早雲はこの対立をうまく利用し、扇谷上杉朝良を支援している。相模国内には、早雲に味方した長尾景春《かげはる》の一党が拠る城があったが、顕定らはこれらを攻め落とした。さらに大森藤頼や三浦一族、太田資康《すけやす》、それに早雲の弟伊勢弥次郎らの要害も落ち、西郡の様子は一変している。ついで顕定は、上田右衛門尉が守る真田城を攻めたが、上杉朝良の援軍が出陣し、これに長尾景春の軍勢が加わるとのことで、いったん引き揚げている。

永正元年（一五〇四）、山内・扇谷両上杉氏は武蔵国立河原（立川市）で一大合戦を行っている。このとき早雲は、扇谷上杉方を応援した。宗長の日記に、早雲とともに扇谷上杉朝良を支援した駿河国の今川氏親の行動がくわしく書きとめられている。それによると、氏親は九月十一日に駿河を出発し、二十日、武蔵桝形（川崎市）に在陣中の早雲と合流した。日付けは明らかでないが、途中、鶴岡八幡宮に軍勢乱妨についての禁制を下している。それより以前の九月六日、早雲は江の島に禁制を掲げている。おそらくこの日、早雲は小田原を出発し、江の島を通過したのであろう。

永正元年９月６日付け伊勢宗瑞禁制　岩本院文書（藤沢市文書館寄託）

ところで、写真の禁制に書かれた早雲の花押を見ていただきたい。横の大きさは十センチもあり、紙面をはみ出さんばかりのいきおいである。北条氏の歴代の花押を研究した百瀬今朝雄氏は、この花押について「早雲という人物は弱者にあくまでも高圧的にのぞみ、強者には卑屈でさえあった政治家的性格をむき出しにしている」と批評する。一方、北条氏研究の第一人者であった杉山博氏は「なんと堂々と雄々しいことか」と、この花押を見ると早雲の心が自然に伝わってくると、正反対の意見を述べている。

この当時、相模国の大半はいまだ扇谷上杉氏の支配下にあり、江の島付近は早雲の領地ではなく、扇谷上杉氏に味方した早雲が、ここを通過したにすぎない。

また、山北町の旧家に、次の一通の書状が伝えられている。

先に手紙を差し上げたように、上杉朝良・今川氏親・伊勢新九郎（北条早雲）と対陣しております。戦いについては安心して下さい。すでに公方様（古河公方政氏）も出陣しましたから、早速にも出陣するよう武田五郎にも連絡して下さい。遅延することがないように、くわしくは長尾右衛門尉から伝えます。

九月二十五日　　顕定（上杉）（花押）

大森式部大輔殿

顕定は山内上杉氏の当主で関東管領、宛て先の大森式部大輔は実頼《さねより》の子で、祖父氏頼の養子になった顕隆《あきたか》である。この手紙で注目されることは、本来、扇谷上杉方であるべき大森氏の一族が、山内上杉氏に味方していることである。つまり、大森氏一族である顕隆は、扇谷上杉方から山内上杉方に移ったのである。それは小田原落城後、扇谷上杉朝良が大森氏の敵、北条早雲と手を結んだことが原因である。顕隆の一字は、顕定から与えられたのであろう。

顕定から顕隆に出陣の連絡をするよういわれた武田五郎について、『神奈川県史』をはじめいろいろな史料集は、武田信玄（晴信）の父信虎に比定している。しかし、彼は信虎の父信縄《のぶつな》ではなかろうか。信縄の父信昌《のぶまさ》は刑部大輔を称し、永正二年に死んだ。翌三年、甲斐国山梨郡上万力村（山梨市）の五所権現を修復した棟札に、「守護武田五郎信縄」とある。信縄も翌四年に病死し、明応三年に生まれた信虎は、わずか十三歳で家督をついだ。早雲はしばしば甲斐国へ侵入し、武田信昌・信縄父子と戦っている。武田氏は当時、関東管領であった上杉顕定に味方していたのである。

北条氏関係の文書を写した万私用覚帳

相模原市の田名は、相模川に面し、水郷として知られたところである。そして田名の旧家江成家は、紀伊国高野山の高室院へ、代替わりごとに月牌料を納めるのが家例であった。その江成家八代目五郎左衛門は、はるばる高野山に登り、高室院に参詣したが、そのとき高室院に所蔵されていた北条氏関係の古文書を書き写し、「万私用覚帳」に書きとどめている。その一通に、長氏から長運に宛てた書状がある。

永正元年（一五〇四）十二月五日、長氏は「今度、武蔵国へ出陣することについて祈祷を依頼したところ、ご丹誠によって勝利を得ることができた」と長運に書き送った。この勝利とは、前項で述べた武蔵国立河原合戦のことである。北条早雲の俗名は長氏であるから、この書状は早雲から長運に宛てたものだとされているが、当時、早雲が出した文書には「宗瑞《そうずい》」と署名されており、この点からも、この書状が本物かどうか疑わしいともされている。

しかし、高室院には氏康、氏政《うじまさ》、氏直《うじなお》の書状が伝来し、天正十八年（一五九〇）の小田原落城後、高野山へ追放された北条氏直は、高室院に失意の身を寄せている。江戸時代に高室院が相模国を旦那場として主張した際、この長氏書状を証拠としてかかげていることから、あながち何の根拠もないと否定し去ることはできない。高室院が長氏書状をもとにして、相模国を旦那場として主張する証拠としたのは、書状の後半に「当国諸旦那のことは桑原九郎右衛門尉に申しつけて諸先達に通知した」とあることを指している。

「万私用覚帳」には、長氏書状につづき、翌永正二年三月、桑原九郎右衛門尉政次が長運に宛てて、「当国《相模国》の諸先達と諸檀那大小は、ことごとく高野山へ参詣のときは、高室院を宿坊とするように申しつけた」と書き送った書状が収められている。

桑原政次が、そのころ北条氏の奉行人であったことは、藤沢宿の森家文書によって知ることができる。弘治二年（一五五六）、玉縄城主北条綱成が森木工助・同弥五郎に宛てた書状に、先年、早雲が相模国へ入国したとき、はじめて徳阿弥に藤沢の客料への「触口役」を申しつけた。その徳阿弥が死んだとき、子が若輩でいったん断絶し、円阿弥に触口を命じた。十年前に、徳阿弥方の者が桑原九郎右衛門を通じて小田原本城へ訴えたとあるのがそれである。

つまり、高室院は高野山へ登山する先達や先達に引き連れられた檀那たちが、同院に宿泊する権利を主張したのである。この先達のことで、「万私用覚帳」には天正二年（一五七四）、玉滝坊が高室院に宛てた証文が書きとめられている。その証文に、「相模国の年行事下の先達二十七人につく旦那は、高室院へ宿泊するとの先の証文は私においても異議はない」としている。玉滝坊は小田原宿の総鎮守松原明神の別当で、本山派（京都聖護院）修験として、のちに伊豆・相模両国、それに武蔵国都筑・久良岐・多摩三郡の先達を支配した。

文禄四年（一五九五）、ふたたび玉滝坊から高室院へ宛てた「相州先達・旦那仕置の事」に関する証文につけた「相州先達衆」のうちに、

懐島　吉祥坊　室田　住光坊

くげ沼　毘沙門堂　かたせ　玉蔵坊

がある。このうち、茅ヶ崎市内の懐島（浜之郷）吉祥坊と室田住光坊はくわしいことがわからないが、紀伊国熊野山の先達を書き上げた目録に「むろた《室田》の十光坊」とあるのが、右の住光坊のことではなかろうか。同目録の他の箇所に「をふば《大庭》十二郷十光坊」とあるのも同じであろう。大庭十二郷というのは、伊勢神宮領であった大庭御厨に十二郷があったというのにあたる。

この目録には、「かた世《片瀬》の玉蔵坊」も見える。つまり、修験玉滝坊の支配下にあった高野山参詣の先達は、熊野参詣の先達でもあったのである。

相模を闊歩する伊勢・熊野・高野山の先達・御師

永正十五年（一五一九）、伊勢神宮の御師久保倉藤三が書き上げた坂東の「御道者日記」には、相模国の道者として、「在所・藤沢、先達ハひしやもん《毘沙門》おうば《大庭》」とあり、藤沢・茅ヶ崎の道者が書きとめられている。大庭（御厨のことであろう）の先達、毘沙門とは、先の鵠沼毘沙門堂のことであろう。鵠沼（藤沢市）は、伊勢神宮領大庭御厨内であり、道者日記は、このかたわらに「在所かたせ《片瀬》玉蔵坊」と記す。以上のことから、相模国の先達は、旦那・道者たちの高野山・熊野山・伊勢神宮などへの先達を勤めたことがわかる。

伊勢神宮の道者日記には、

　　まへの名ハこんけんたう《権現堂》と申候
　在所ちかさき《茅ヶ崎》　玉蔵坊

とある。茅ヶ崎にも玉蔵坊という先達があり、同坊は前の名を権現堂といったことがわかる。熊野山先達を書き上げた目録の相模国の箇所に、室田十光坊・片瀬玉蔵坊とともに「ちがさき《茅ヶ崎》の権現堂」の名がある。この玉蔵坊については、熊野山の『米良文書』に、

　さがミの国ひかし《東》ハう□
ちがさき　さこの四郎
内ふう左衛門事ハ下のまちやの平そう五郎
内やはた　　五郎四郎

内ちかさき　五郎二郎

内せんたちん　きゃうくそう坊（花押）

文明二年二月十一日

という文書がある。文明二年（一四七〇）、先達の玉蔵坊が相模国東（郡）の茅ヶ崎の左近四郎・五郎二郎、下町屋（茅ヶ崎）の平そう五郎、矢畑（同市）の五郎四郎を書き上げたものである。

先の道者日記には、在所茅ヶ崎として「ひろき殿《（広木か）》　帯一筋」のみ見えるが、藤沢・大庭・鵠沼の道者として、左衛門太郎・五郎四郎・源二郎・円阿弥・徳阿弥・珍阿弥・長阿弥など、多数の人名が書き上げられている。このうち、徳阿弥・円阿弥は、藤沢宿の森家に伝えられる、先に紹介した北条綱成書状に見える。その徳阿弥・円阿弥が、伊勢道者として日記に記されているのである。

さらに道者日記には、「は山六郎左衛門殿、同六郎二郎殿、みやさき殿、こすけ殿、中さと新兵へ殿」などの道者が書き上げられている。藤沢・大庭・鵠沼などの旧家に、葉山・端山・宮崎・中里などの姓をもつ家があるので、あるいはこうした旧家は、北条早雲が相模国へ入ってくる以前、上杉氏が支配していた室町時代のころから、この地方に住んでいたことが考えられる。伊勢神宮・熊野山・高野山などが旦那・道者としたのは、こうした地方の有力者であった。

相模先達を代表する鵠沼毘沙門堂と片瀬玉蔵坊

永正元年（一五〇四）、武蔵国立河原合戦の勝利を、北条早雲は紀伊国高野山の高室院主長運に報じ、高野山参詣の相模国の先達と先達に引き連れられた旦那が、必ず高室院を宿坊とすることを保証した証文を与えたことは、すでに述べた。早雲をはじめ、北条氏関係の高室院文書を紹介した座間美都治氏は、宛て名の長運は高室院二十三世で、相模国岡崎（平塚市）の生まれであるとしている。

実は、鶴岡八幡宮供僧にも長運がいる。長運は、享徳の大乱で多くの同宮供僧が公方成氏にしたがって下総国古河へ移ったにもかかわらず、なお鎌倉にあって同宮に勤仕し、供僧職は長忍―長恵―長運へと伝えられた。長忍は鶴岡八幡宮の学頭を勤め、長恵はその学頭代となっている。そして長忍は、享徳二年（一四五三）に高野山に移り、長恵も高野山に入って清浄光院に住んだ。長運もやがて高野山へ入り、高室院に住んだのであろう。

なお、相模国の先達として鵠沼の毘沙門堂と片瀬の玉蔵坊があったが、このうち毘沙門堂は、明治初期の鵠沼村『皇国地誌』「廃堂」の項にある「毘沙門堂」のことであろう。「本村ノ農高松祐重所有之地」に所在した。同家は「鵠沼の法印様」といわれ、烏森の皇太神宮の別当であった。のち、鵠沼村長で初代の藤沢町長を勤めた高松良夫氏の家である。明治三年に廃されたが、すでに戦国時代の初めには鵠沼にあったのである。

片瀬の玉蔵坊は、『新編相模国風土記稿』に片瀬村の諏訪神社の別当とある「玉蔵院」のこと

「熊野本宮大社絵図」　同社はかつて熊野川など３川が合流する大斎原（おおゆのはら）と呼ばれる中洲に鎮座していた　当社蔵

であろう。修験であったこの先達について、玉蔵院に関する資料が横浜市南区の松本秀雄家にある。同家には、武蔵国久良岐郡杉田森村の権現堂の系図が所蔵されている。それによれば、権現堂ははじめ鎌倉扇谷に住んだ長慶を初代としている。

彼は、鎌倉時代の初めの人である。その六代目長円は扇谷の亀谷坂に住み、十五代の長恵のとき、杉田森村に移った。これは北条早雲が相模国へ入ってきたころである。

同家にはそのころ（文亀三年・一五〇三）、修験の本山聖護院門跡が武蔵国杉田の幸蔵坊へ与えた御教書《みぎょうしょ》が伝来しており、それには「相州鎌倉権現堂」とある。そして、文禄年間（一五九二〜五）に近くの松本に移ったという。二十七代長覚は、大山（伊勢原市）の御師内海兵部大夫の子で、次の二十八代長山が片瀬玉蔵院の源隆の子であった。そして、長山の子教山は玉蔵院の住職になっている。そうした関係から、源隆―源順―教山という玉蔵院の系図が、松本家文書に伝えられたのである。

文禄四年（一五九五）、小田原の玉滝坊が支配した相模国の先達衆の筆頭に書かれた「国府慶蔵坊」は、相模国の国府があった大磯町国府本郷（新宿）に住んだ修験であろう。大和国の吉野の金峰山は、修験道の本尊となった金剛蔵王権現を神体とする。この吉野の奥、大峰山はこうした修験の修行場であった（峰入りという）。その修験道のメッカ、大峰や紀伊国の熊野権現などの縁起をまとめたものに、『証菩提山等縁起』がある。その縁起の奥書に「文亀三暦癸亥八月二十八日大峰において　相州府中慶蔵坊盛厳」とあるが、盛厳は大磯町国府にあった慶蔵坊の修験である。文亀三年、盛厳は相模国府中（国府）から大峰山に登り、『証菩提山等縁起』を書き写したのである。

紀伊国熊野山の御師実報院が、おそらくそのころに書き上げた諸国旦那目録にも、片瀬の玉蔵坊、茅ヶ崎の権現堂、室田の十光坊や江の島一円の先達など、相模国の修験が多く見える。玉滝坊が書き上げた相模国の先達衆にあった西郡中村（小田原市）の能引寺、座間入谷（座間市）の大坊（座間院）も、その目録に見える。また、海老名市大谷の福寿院、平塚市入野の成願寺、厚木市三増の清徳寺、同市戸田の延命寺など、古義真言宗の寺院も熊野の先達に含まれている。

熊野御師と結びつく修験泉蔵坊

これら寺院の住僧は、おそらくかつて廻国巡礼・修行をもととした修験であったが、やがて村落に落ちつき定住するようになったのであろう。それと相模国の修験で多いのが、神社の別当を勤めている者である。相模国の修験を支配した玉滝坊も、小田原宿の総鎮守松原明神の別当であった。西俣野の御嶽神社（神礼寺）、片瀬の諏訪神社（玉蔵坊）、芹沢の腰掛神社（宝沢寺）、遠藤の御嶽神社（大験寺）、打戻の宇都母知神社（金剛院）、吉岡の神明社（滝岡寺）、西富の諏訪神社（不動院）など、その例は多く、いずれも村の鎮守である。こうした神社も、はじめ村民の座（宮座）で管理されたが、いつしか修験の手に移り、彼らが住みついて別当になったのであろう。

相模国の先達衆として片瀬の玉蔵坊、茅ヶ崎の権現堂とともに書き上げられた中に、山崎の泉蔵坊がある。紀伊国熊野山の御師文書『米良文書』に「鎌倉山崎泉蔵坊祐秀」と見えるので、現鎌倉市の山崎にいた泉蔵坊という修験であったことがわかる。永正十七年（一五二〇）に祐秀が書いた文書は、相模国奥三保内十四ヵ村の檀那を配分したものである。奥三保というのは、現在の津久井郡のことである。さらに、同坊泉勝が書いた次の注文がある。

　武州久良岐之郡杉田郷
間宮与七郎（同平那隼人佑・同平山大炊助）
　相州河入之郷
和田かもの助《（掃部助）》

先達
山崎泉蔵坊
泉勝（花押）
天文八年
卯月五日
那智山御師
実報院殿

八菅山　神奈川県愛川町

右の注文は、先達の泉蔵坊泉勝から熊野（那智）山の御師実報院に差し出したものである。武蔵国久良岐郡杉田郷（横浜市磯子区）の間宮与七郎は小田原北条氏の家臣で、杉田郷の領主（地頭）であった。同郷の住人であった平山大炊助は、そのころ同地に平山寺という寺があり、中里村を寺領にしていたので、あるいはこの中里あたりに住んだ土豪であろうか。

次の河入之郷は、愛甲郡川入、熊坂、角田など周辺七箇村域（愛川町）のことである。永禄二年（一五五九）、角田の日月神社を、地頭内藤氏の代官として和田氏が社殿を造営している。それより以前（永正十五年）、同地の八幡宮を八菅山の某坊が法主となって造営したが、そのときの願主和田但馬もこの一族であろう。つまり、和田掃部助は河入郷の角田あたりに住み、領主内藤氏（田代城主）の代官であった。八菅山は箱根山、大山とともに相模国の修験の中心であった。

八菅山は川入郷内にあり、明応元年（一四九二）、郷内熊坂の八幡宮を八菅山覚養坊が同宮別当として運営した。

熊野山の相模国の先達を書き上げたうちに、「はすけ《八菅》山の山本坊、同覚養坊」とある。この山本坊と覚養坊が、八菅山の修験を支配した本坊であった。さらに『米良文書』には、鎌倉山崎の泉蔵坊が先達となった相模国の旦那を書き上げた注文が一通ある。そこに名が見える人物は、以下のとおりである。

○武蔵国稲毛郡河崎郷（川崎市）の住人
　飯島左京助・同次郎左衛門尉
○相模国津久井（津久井郡）の住人玄蕃
○同国ゆつりはら（譲原）の五郎四郎
○同国依智郷の平井源衛門尉

つまり、泉蔵坊は津久井郡・愛甲郡（依智・厚木市）、さらに武蔵国久良岐郡から橘樹郡にかけて、郷・村の有力者を旦那とし、その先達として熊野山の御師と結びついていたのである。

修験の本山派と当山派

江戸時代、相模国の村や町に住む修験は、二百人ぐらいいたらしい。その中に、大きく分けて本山派と当山派があった。その内本山派は、聖護院門跡によって天台宗系の修験を管領した。京都市左京区にある聖護院は、「聖護院大根」の名で知られているが、天台宗の門跡寺院（皇族貴族が門主になる寺）である。古くから紀伊国の熊野三山の別当（検校職）を歴任したことから、熊野山の御師・先達と結びつきを強めた。建武中興（一三三四）のころ、鎌倉の鶴岡八幡宮別当となった覚助《かくじょ》法親王も、この聖護院門跡であった。覚助が熊野三山検校であったとき、大峰山へ峰入りして以来、門跡の峰入りが習慣化した。また、室町時代末ごろから戦国時代にかけて、聖護院門跡は各国を巡遊（回国）したが、その代表的な人物が、関白近衛房嗣《ふさつぐ》の子道興《どうこう》准后である。

文正元年（一四六六）、道興は山城、大和、摂津をはじめとした近畿一円、さらに美濃、尾張両国から、一転して播磨、但馬をはじめ中国地方を巡り、文明十八年（一四八六）に北陸から関東に入り、奥羽にも足をはこび、東海道を経て京都に帰った。この文明年間の廻国については、『廻国雑記』にくわしく、箱根権現・大山寺・日向寺（伊勢原市）など、修験が多くいたところに宿泊している。

こうして、聖護院門跡は諸国の修験たちと結びつきを強めていった。相模国の修験で有力な拠点の一つであった八菅山に、道興の二代あとに聖護院門跡になった道増《どうぞう》が回国に立ち寄ったのは、天文二十一年（一五五二）のことである。永禄二年（一五六九）には、聖護院門跡の代参として、勝仙院・聖蔵院の二僧正が八菅山に入った。

紀伊国熊野山の修験を中心とした本山派に対し、当山派は大和国吉野の金峰山の修験を中心に、京都醍醐寺の三宝院のもとに組織された。当山派修験の中心になったのが、正大先達衆である。

江戸時代、当山派修験が属した伊勢国度会郡山田町の世儀寺、大和国山辺郡内山の永久寺などは、この正大先達衆である。伊勢山田の世儀寺が大先達衆になっているように、当山派修験は伊勢神宮参詣の御師との結びつきが強かった。これに対し、本山派修験の運営で中心となったのは、京都東山の若王子、積算院、六角堂の勝仙院（のち住心院と改称）であった。相模国の本山派修験のうちで、住心院に属するものがあるのはそのためである。

本山派の先達というのは、「国々に居住して霞《かすみ》（自己の縄張りのこと）を支配し、修験の行法を勤め、国家安全の祈祷のために大峰山で毎年修行する者」をいった。そして、国内の郡には年行事を置き、霞内の実務はこの年行事が行い、自らあるいは配下の修験を使って、旦那の参詣を案内し、お祓《はら》いをしたりするのが仕事であった。

永正十五年（一五一八）の伊勢御師、久保倉藤三の坂東道者日記に、

一在所ちかさき（茅ケ崎）　玉蔵坊

ひろき殿　　帯一筋

とあるのは、御師久保倉が茅ヶ崎の道者ひろき某に帯を一筋贈ったことを示している。このとき御師は、御祓（御幣）を配ったのである。久保倉の土産は主として帯であるが、このほか櫛、扇、下緒《さげお》、それに箪笥《たんす》、長持に使う油単《ゆたん》まであった。伊勢御師はこのほか、伊勢特産の白粉《おしろい》なども配っており、土産物に女性向きの物が多いのが興味深い。

北条氏が相模国の参詣人の宿坊として指定した高野山高室院が、武蔵国の檀那回りをしたとき

の音物《いんもつ》（土産物）には、金襴お守り、輪袈裟、数珠、紙、墨、筆、扇子、塗箸、絹糸、更紗《さらさ》、風呂敷、足袋、盃、煙草入、葉煙草《はたばこ》、煙管《きせる》があった。こうして先達・御師・高野聖により、積極的な信者獲得がすすめられたのである。

以上から、北条早雲が相模国へ入部したころの郷・村ごとの様子がよくわかる。

第Ⅱ部　連歌師宗長　関東の旅

第一章　関東の諸将との交流

今川氏親の出陣にしたがった連歌師宗長

永正元年（一五〇四）九月二十七日、武蔵国立河原で激突した山内・扇谷両上杉氏の合戦は、両軍が引き揚げることで終結した。この合戦で、北条早雲とともに扇谷上杉朝良を支援した駿河国守護今川氏親は、帰陣の途中、十月四日に鎌倉に立ち寄り、一両日ここに逗留し、ついで伊豆国熱海で七日間「湯治」をした。熱海の温泉は、すでに南北朝時代から知られており、氏親の子義元《よしもと》もここへ湯治に訪れている。

熱海から同国韮山城に入った氏親の軍勢は、そこで二、三日軍勢を休めた。いうまでもなく、韮山城は伊豆国を制圧した早雲の居城である。そして、同国一宮である三島大社の社頭で、氏親は連歌千句の独吟《どくぎん》を奉納した。「出陣千句」といわれるこの連歌は、『続群書類従』に収められているが、それによれば十月二十五日から始まり、二十七日に終わっている。その末尾に、次の識語を記している。

この千句に願書をそえて奉納いたします。永正元年九月十二日に氏親は関東に進発し、足柄の八重山を越え、武蔵野の国府に出陣し、同月二十七日に一戦をとげて勝利を得ました。このたびの祈祷のために、ハレ歌を千句奉納しようと立願しましたが、不意のことで人数が揃わないので独吟とすることにしました。第一の発句を氏親がいたし、第二の三島木綿から鶴岡の松の霜までの発句のなかに四季を詠み込み、十月二十七日に終わりました。

このときの氏親の動向を記録した連歌師宗長の日記には、

たなひくや千里もこゝのはるかすみ　氏親

青柳やかけそふ三嶋木綿かつら　宗長

の句が書きとめられている。この「三島木綿」は、「出陣千句」に氏親の句として、「青柳やかけそふ三島ゆふかつら」として見える。木綿は「ゆふ」のことで、幣《ぬさ》のことである。それにしても、氏親の三島木綿の句は、宗長の作ということになる。

岩下紀之氏らによって紹介された、京都大学文学部図書室所蔵の宗長の発句に、

相州小田原

鴈そ鳴ふもとの遠つ秋の海

ふけ嵐はいりの真葛道もなし

八幡万句巻頭鎌倉

霜雪をうはけか鶴か岡の松

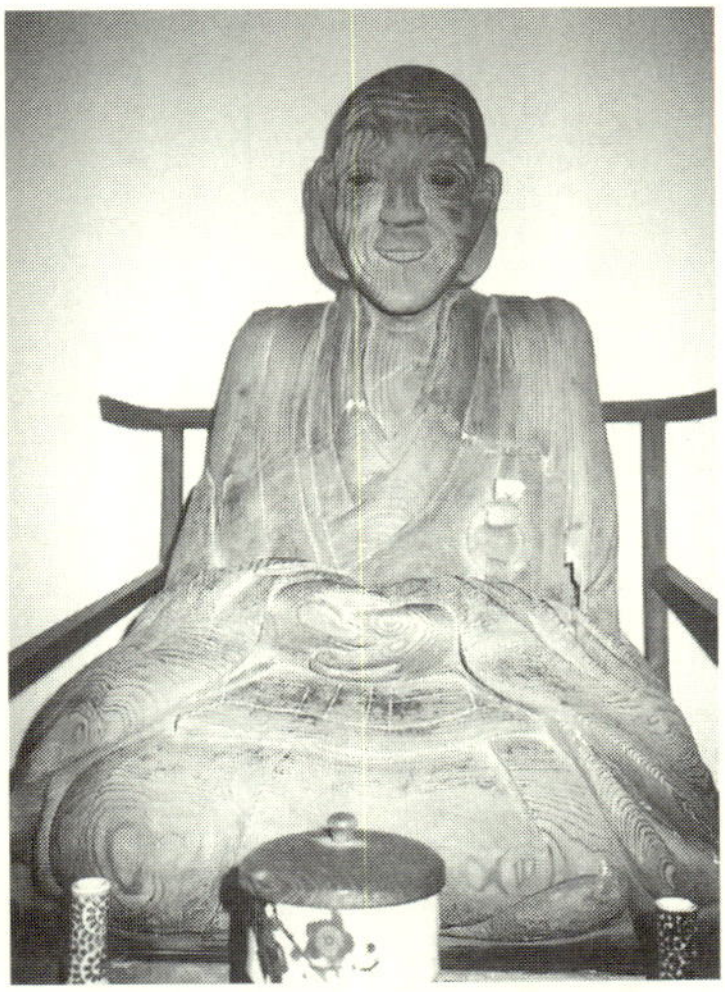

宗長木像　静岡市・吐月峰柴屋寺蔵

今川氏親木像　静岡市・増善寺蔵

江の島にて
嶋津島うきみる涼し波の上
白妙やたちぬはぬ礒月の本
伊豆アタミノ湯ニテ
岩棡もゆてふ谷のいて湯哉
同
花そよる磯はの浪の春の海
伊豆ノ山ニテ
空や春山は走湯朝かすみ

がある。永正六年、宗長は駿河国を出てふたたび東国の旅に出るが、同句集にはそのときの作品が含まれていないので、この発句はそれ以前の作とされている。

文亀二年（一五〇二）、重病の師宗祇につきそい、鎌倉に近い場所から国府津（小田原市）を経て、箱根湯本で死んだ宗祇を輿で運び、駿河国桃園（沼津市）の定輪寺に葬った旅の以後、宗長は永正二年、五年の両年は上洛している。この間に東国へ赴いたというのは、永正元年の氏親出陣のときではなかろうか。

つまり、宗長は氏親の出陣にしたがって、武蔵国に赴いたと考えられるのである。鶴岡八幡宮の社頭での「霜雪をうはけか鶴か岡の松」の句が、「出陣千句」のなかの氏親の「鶴岡の松の霜」の句と類似していることも、そのことを示している。ついでながらもその途次、氏親の軍勢は鎌倉から江の島に立ち寄ったらしいことが、宗長の発句から想像される。

宗長の紀行『東路のつと』

永正元年（一五〇四）は、宗長にとっても重要な年であった。生涯を終えた宇津山の麓に、斎藤加賀守安元《やすもと》の援助によって柴屋軒が落成したのである。駿府（静岡市街）から安部川を越え、東海道を西へと手越・丸子の町並みがつづく。柴屋軒（吐月峯柴屋寺）は、この丸子の宿から少し北へ入った泉谷にある。安元は東海道の宿場、丸子宿付近の領主であり、斎藤氏は今川氏が建武中興ののち駿河国主として入ったとき、同国目代を勤めた家柄である。ここに丸子城を築き、駿府への西の守りを果たした。

文安五年（一四四八）、宗長は同国島田で「つたなき下職」鍛冶職五条義助の子として生まれた。宗長が生まれた島田鍛冶は、今川義忠から一字を賜り義助と名のって以後、代々「義助」と名のっている。永正十八年には、義助は小田原で刀をつくっており、小田原鍛冶はその子孫といわれる。

少年時代、今川義忠に近習として仕えた宗長は、十八歳のとき（寛正六年、一四六五）出家し、翌文正元年、同国清見関の清見寺（静岡市）で、関東下向の途中に今川館に立ち寄った宗祇の接

柴屋寺　庭園は宗長自ら建築したとされ、国の名勝および史跡に指定されている　静岡市

待にあたった。文明五年（一四七三）にも歌人正広《しょうこう》が駿河国を訪れたとき、同寺で接待にあたっている。その後宗長は上洛し、宗祇に師事し、大徳寺の一休宗純に参禅した。それからはしばしば宗祇の旅に同行し、最後となったのが文亀二年（一五〇二）の旅である。宗祇はこの旅の途中、箱根湯本で死去した。

このとき、宗長とともに宗祇につきそった宗硯《そうけん》は京都へ帰り、宗祇の草庵、種玉庵を預かることになったが、宗長はそのまま駿河国にとどまり、三月初めに草庵柴屋軒をつくりはじめ、五月には完成した。そして、九月十二日には今川氏親の関東出陣にしたがい、十月末に帰国したのである。翌二年・同五年に宗長は再度上洛し、三条西実隆《さんじょうにしさねたか》の邸で宗祇七回忌の歌会に出席した。席の温まる暇もないように、翌永正六年七月には陸奥国白川関への旅に出た。このときの紀行が『東路のつと』であり、冒頭には以下のように記されている。

白川の関のあらまし、霞とともにおもへつゝ、なん、幾春をか過しけん、此秋をだにとて、永正六年文月十六日とさだめておもひたちぬ。

出発の日、柴屋軒の近くに館を構えている斎藤安元から一句を所望され、「風にみよいま帰りこん葛葉哉」の句を詠んだ。

十九日、駿河の国府を発って、まず同国興津《おきつ》氏の館（静岡市）に立ち寄ったところ、ちょうど主人の興津左衛門の宿所が新築したばかりであった。そこで一句「月の秋の宿とやみかく玉椿」を詠んでいる。興津氏は、鎌倉時代以来の御家人出身で、由緒ある家柄の武士である。当時、興津川に突き出た城山にあった横山城を守っていた。

浮島が原から沼津の長徳庵に立ち寄り、箱根路を経て小田原宿で逗留、ついで藤沢で一泊した。そのときの発句に「朝きりのいつくこゆるき磯の松」がある。この発句は、宗長の第一句集『壁草』には、

　相模国藤沢のあたりにて
あさ霧のいづくこゆるぎ磯の浪

とあり、「松」が「浪」になっている。いずれにしても、「こゆるぎ《（小余綾）》磯」とは「大磯・小磯」（大磯町）あたりの海浜のことである。

諸寺院の興隆に尽力した三田氏宗

ついで、紀行は藤沢から武蔵国へ移り、八月十一日に同国勝沼（青梅市）の三田氏宗《うじむね》の館に着く。同月十五日までここに滞在し、しばしば連歌会を催しているが、その一句に「きりはただわけ入八重の外山かな」とある。

塩船観音寺の本尊・千手観音像　東京都青梅市　撮影：佐藤泰司氏

その路次をくわしく記した『東路のつと』は、氏宗の山家のあたりについて、「うしろは甲斐の国の山、北はちゝぶ《（秩父）》といふ山につづきて、まことの深山とはこゝをや申べからん。此山ふかきこゝろなるべし」と書いている。そこの山寺に「杉本坊」があった。杉本坊は同地の古刹、塩船観音寺の別当を勤めた修験である。ここにはかつて十二坊あったが、現在は杉本坊のみが残り、その子孫は観音寺の住職を勤めている。

霞丘陵に囲まれた谷戸には仁王門、阿弥陀堂、薬師堂、観音堂がある。いずれも国の重要文化財や青梅市の有形文化財に指定された建物で、氏宗やその子政定《まささだ》のころに建立されたと推定されている。本尊の千手観音像は、昭和三十四年の修理の際、胎内に文永元年（一二六四）に造立されたとの銘文が発見され、東京都の重要文化財に指定されている。台座に大檀那三田氏宗と子政定・秀長《ひでなが》が永正九年に修理再興したと銘記されており、これは宗長が氏宗の館を訪れ、観音堂に立ち寄った三年後のことである。

さらに氏宗は、千手観音像の左右に並ぶ二十八部衆の像も同時に修理したことが、功徳天像の銘文によって明らかにされている。この功徳天像も、体内銘から建治二年（一二七六）の造立であったことがわかる。氏宗はとくに、功徳天像の修理木札の裏面に次の和歌を記した。

そのかみの　まことは今もしられぬる
くちぬかたちに　かはる御仏

仁王門の金剛力士像も都の重要文化財に指定されているが、その修理木札が現存しており、天文二年（一五三三）に三田政定とその子綱定《つなさだ》が修理したものであることがわかっている。とくに興味深いのは、千手観音像の右の脇侍、毘沙門天像の胎内銘である。それには、次のような大意の銘文が記されている。

三田政定・綱定父子が修理したとされる仁王像 東京都青梅市・塩船観音寺　撮影：佐藤泰司氏

去年十月二十六日に着き、御嶽の御本地を修理いたしました。三月三日に塩船（観音堂）に着いて、二十八部衆（の像）を修理しました。報恩寺の本尊、地蔵（菩薩像）を閏四月六日に初めて作りました。五月十日に到着して、御仏を安置いたしました。
永正九年五月十五日これを書

木造釈迦如来坐像　東京都青梅市・天寧寺蔵

く。野州法橋弘円

先の千手観音像や功徳天像を修理したのも、この仏師弘円《こうえん》であることは、胎内に書かれた銘文によってはっきりしている。

さらに興味あるのは、塩船観音がある塩林坊谷の西、根ヶ布の谷戸に、曹洞宗の古刹天寧寺があり、その三門に安置された高さ五三センチばかりの釈迦如来座像の銘文である。ここには、永正八年十一月二十四日の日付で弘円の署名がされている。

実は、この釈迦如来像は武州御嶽山（青梅市）に安置されていたもので、明治維新の神仏分離のとき、天寧寺に移されたものである。御嶽神社にはそのときの修理木札が残っていて、それによれば、三田氏宗と子政定、顕昌《あきまさ》、季長《すえなが》が大檀那として修理したものであることがはっきりしている。先の永正九年五月の胎内銘に、弘円が「去年の十月二十六日に着いて御嶽の御本地を修理した」と書いていたのが、この釈迦如来像であったことがわかる。

さらに、「閏四月六日に報恩寺の地蔵菩薩像をつくった」というのも、同市今寺の報恩寺に伝来している延命地蔵像のことで、その胎内銘に、同日付で三田氏宗と子政定、顕昌が造立し、弘円が仏師であったことが記されている。

運慶の流れをくむ鎌倉の仏師弘円

ここで、仏師弘円についてみておこう。下野法橋と呼ばれた弘円は、自ら「鎌倉大仏所」と記し、永正十五年（一五一八）に鎌倉東慶寺の釈迦如来像を修理したとき、頭部に「寿福寺ノ門前」に住んでいると書いている。また、川口市の妙蔵寺所蔵の仏像には、「鎌倉扇谷今小路住人・仏所下野法橋弘円」（明応九年・一五〇〇）と記している。鎌倉扇谷の寿福寺門前にある鎌倉十橋の一つ、「勝ヶ橋」から南へ向かう道路の巽荒神前までのあたりを「今小路」というので、このあたりに住んでいたのだろう。

江戸時代、鎌倉仏師として知られる三橋、後藤両家は扇谷に住んでいた。明治三十四年、後藤斉宮慶広は仏師としての自らの家の系図を整理しているが、有名な鎌倉時代の仏師、運慶に始まり、湛慶―幸有―弘俊―円西―白阿弥―院光―院覚―卿法印とつづき、その次に「弘円法眼・俗名下野」とある。つまり、弘円は運慶の流れをくむ仏師だというのである（ちなみに後藤家は明治以後、「鎌倉彫」にその伝統の技術を活用し、その宗家としての地位を確立した）。

『鎌倉後藤家系図』によると、弘円は嘉吉二年（一四四二）に生まれ、享禄二年（一五二九）に死んだとある。とすると、享年八十八歳になる。仏師としての足跡をまとめると、次のとおりである。

文明十七年（一四八五）鎌倉長谷寺の十一面観音像を修理

明応二年（一四九三）平塚市金目の観音堂（光明寺）聖観音像を修理（多くの人名のなかに「太田道灌禅門」の名がある）

文亀元年（一五〇一）横浜市金沢区の太寧寺十二神将像を修理（永正八年・九年は武蔵国三田氏のもとで各所の寺院の仏像を修理・造立）

永正十一年（一五一四）鎌倉山内の円応寺（荒井の閻魔堂）の奪衣婆像を造立

同十五年　鎌倉東慶寺の釈迦如来像を修理

同十七年　円応寺の閻魔王像を修理（？）

なお、天文二年（一五三三）に塩船観音寺の仁王門に置かれている金剛力士像を修理した円慶《えんけい》は、享禄五年（一五三二）に町田市勝深寺の阿弥陀如来像を造立しているが、その銘文に「鎌倉大仏所下野法眼弟子」とあるので、弘円の弟子であったことがわかる。

弘円は、修理した仏像の胎内に長文のメモを書き残している。永正十一年の閻魔堂の奪衣婆像にも、七百字に近い造立の由来を記してある。その中に、「この年『早雲庵』の『なこやのほうしゅ』を彫り、韮山に玉をおさめ、その上に塔を建て、本殿に弁才天を立てた」とある。韮山とは北条早雲の居城、伊豆国韮山城のあるところであろう。そこに塔を建立して、本殿には弁才天像を安置したという意味に理解できる。「なこや」は、韮山城に近い奈古谷を指し、「ほうしゅ」は宝珠

＝如来宝珠、地蔵菩薩像が左の掌に必ずのせている玉のことであろう。奈古谷の宝珠を彫ったということは、有名な文覚《もんがく》上人が流された奈古谷の安養浄土院（授福寺）が奈古谷寺といわれているので、同寺の仏像の宝珠を彫ったということであろうか。同寺は「観音の霊堂」（源平盛衰記）であった。如意輪観音像も左手に宝珠をもつ。

『北条記』に、弁財天は「観音の御分身にて、北条家の守護神」であるとし、北条氏綱は小田原城の北の堀の内へ、江の島の弁財天を勧請し、当城の鎮守としたとある。弘円の銘文により、父早雲も韮山城に弁財天を安置したことが知れる。

勝沼衆をしたがえる三田氏

『東路のつと』で、宗長が三田氏宗の館を「この山家」といっているように、氏宗の支配した土地は、中世には「杣保《そま》」といわれ、多摩川最上流部の山林地帯であり、山岳は甲斐国と接した秩父連山につながっている。氏宗の館に近い青梅市根ヶ布の天寧寺開山である一華文英は、甲斐国守護武田氏の一族であった。一華は武田信重《のぶしげ》の孫で、信重の子信昌が文明年間（一四六九～八六）に創建した山梨市の永昌院開山に迎えられ、文亀年間（一五〇一～三）に氏宗が創建した天寧寺の開山となったのである。

江戸時代に再建され、七堂伽藍がよく整った天寧寺の境内は、東京都の史跡に指定されている。本堂の裏にある霞池は、霞川の水源である。鐘楼にかけられている梵鐘は、氏宗の子政定が大永元年（一五二二）に寄進したもので、そこには三田氏が有名な平将門の子孫であると刻みこんである。三田氏は平氏を称していた。

三田氏の居城勝沼城は、塩船観音寺と天寧寺がある谷戸の間にある丘陵上にあった。城跡は城山と呼ばれ、青梅市師岡にある。高さ三十メートルの台地上にある城址は、大正十四年に東京府の旧跡として指定され、昭和五十一年に「歴史環境保全地域」として土地買収が行われた。城は三つの郭《くるわ》からなり、腰郭、堀切、土橋、土畳、空堀などの遺構がよく残っている。

戦国時代、三田氏は近隣の武士、毛呂・岡部・平山・師岡・加治の諸氏とともに、「勝沼衆」と呼ばれる武士団をつくっていた。彼らの支配圏は、多摩川最上流域の杣保（青梅市）を三田氏、その支流秋川の上流、桧原谷（あきるの市）を平山氏、毛呂・岡部・加治氏が入間・高麗両川の上流域（飯能市、日高市、毛呂山町）を支配した。すなわち、秩父連峰へとつづく「山の根」（「新編武蔵風土記稿」）一帯の在地領主たちである。これら勝沼衆と呼ばれた武士たちの連合組織をしたがえていたのが三田氏でった。

三田氏が自ら領民・領地を支配するために発給した文書はいままで見つかっていなかったが、『入間市史』の編さんにあたって、山口県宇部市の金子豊氏所蔵文書中に、三田氏宗が発給した文書が発見された。『入間市史』（中世史料編）では署名のところを「氏家」と読んでいるが、これは「氏宗」が正しいことを、齋藤慎一氏が明らかにしている。山口県立文書館に所蔵される長州藩毛利家の家臣の系譜集『譜録』に同文の写しが収められており、それには明らかに「氏宗」

と読まれているからである。また、金子豊家にはすでに失われているが、もう一通の三田氏宗の発給文書があったことが、『譜録』によってわかった。それには、

永正十年三月廿八日　　氏宗（花押）

奈良殿　勝沼

とあり、氏宗が勝沼城主であった三田氏宗であることがはっきりした。

金子豊家には、北条義時の下文など鎌倉時代の文書から、鎌倉公方基氏の軍勢催促状などの南北朝時代の文書が数点伝来しているが、なぜ西日本の長州藩金子家に武蔵国金子氏の文書が伝わったのであろうか。金子氏は、天正十八年に小田原北条氏が滅亡してから、一時奥州会津の上杉景勝に仕え、そののち京都所司代となった板倉勝重の家臣となった。ところが、ある事情から当時の当主政景《まさかげ》が自害し、妻は実家の長州藩士宍戸家に戻り、子就親は同藩に仕えることになった。そのため、家伝の金子家文書が長州藩金子家に伝えられたのである。

さて、この三田氏宗が判物をあたえた奈良氏については齋藤慎一氏も、『譜録』を紹介した加藤哲氏も不明としている。ところが、武蔵国金子郷内に創建された瑞泉院の開山菊陰瑞潭（大永四年没）の法話に、奈良若狭守（道安）の下火《あこ》がある。若狭守は、右の奈良氏の一族であろう。

三条西実隆と関東諸将の交流

『入間市史』編さんの過程で、氏宗が奈良千代松などに与えた所領の安堵状などが発見された。

金子一族の墓所　東京都青梅市・天寧寺

その氏宗文書の一通には、

金子郷大粥方の内、二貫六百文の所は、成敗相違あるべからずの状、件のごとし

永正十一年十月一日

氏宗（花押）

奈良千代松殿

とある。同氏は藤原姓を称したとあるので、同国の忍城主成田氏の一族であった奈良氏であろう。

瑞泉院は金子郷内の木蓮寺にあり、開山の菊隠瑞潭は、勝沼の根ヶ布に三田氏宗が創建した天寧寺開山に迎えられた一華文英の弟子である。同院の寺伝には、金子家忠《いえただ》が創建したとあり、寺院の裏手には金子一族の宝篋印塔が並んでいる。しかし、『新編武蔵国風土記稿』は、家忠は鎌倉時代の人であり、戦国時代の開山菊隠瑞潭とはあまりにも年代がへだたりすぎていると批判する。あるいは、菊隠瑞潭の法話に見える奈良若狭守（道安）が創建した寺院ではなかろうか。

この旅のあと、宗長は三田氏宗とさらに交渉をもつことになった。そのことが、京都の三条西実隆の日記『実隆公記』の永正七年（一五一〇）五月七日条によって知ることができる。氏宗は、かねてから上総国の真里谷《まりやつ》氏と知り合いであった。そこで、実隆は歌の友である宗長に氏宗への伝言を依頼した。内容は、真里谷氏が押領していた上総国畔蒜庄《あびる》（木更津市）の年貢を納入するように、というものであった。畔蒜庄は「御服御料所」という皇室領であり、実隆は公家として、こうした皇室領庄園の管理に預っていたのである。

歌学にすぐれた実隆は、宗長の師宗祇から「古今伝授《こきんでんじゅ》」（「古今和歌集」の奥儀を授けられること）を受けている。諸国の皇室領庄園にかかわって、その家計の収入をささえていた実隆は、武士の押領によって年貢が入らなくなり、三条西家の経済は次第に窮迫していった。そこで、連歌師の宗長や宗硯らが仲介して、諸国の武士たちの和歌や連歌の添削、古典の書写、色紙、短冊の染筆をし、謝礼を得ることが大きな収入となっていたのである。四条隆永《たかなが》の仲介で和歌の添削をしてあげた関東の太田資定《すけさだ》は、太田道灌の一族である。

延徳元年（一四八九）、常陸国の江戸真純《まさずみ》は上洛し、実隆の邸で和歌会を催している。永正五年、上洛する宗長に託して、駿河国の今川氏親は銭二千疋を贈った。また、この年下総国の東常和《とうのつねかず》らは上洛し、実隆から「古今和歌集」の講義を受けている。天文二年（一五三三）には三田弾正忠が上洛し、実隆に黄金一両を贈り、三田氏が入手した実隆自筆の『道信朝臣和歌集』に、実隆の奥書を加えてもらった。この三田弾正忠は、氏宗の子政定である。

山内上杉氏の執事長尾顕方

永正六年（一五〇九）八月十一日から十五日まで三田氏宗の館に滞在した宗長は・その間しばしば連歌会を催した。十五日、宗長は氏宗・政定と馬を並べて、萩・ススキが繁る武蔵野の中を鉢形城へと向かった。その途次、政定は馬上で次の歌を詠んでいる。

むさし野の露のかきりは分もみつ
　　秋の風をはしら川の関

宗長の紀行『東路のつと』は、この記事につづいて「この比、越後の国鉾楯《ほこたて》により、武蔵・上野の侍進発のこと有て、いづこもしづかならざりしかば、ひと夜有て、翌日日たけて、長井の誰やらんの宿所へと送らる」と記す。鉢形城の長尾顕方《あきかた》は山内上杉顕定の執事で、武蔵国の守護代であった。関東管領であった顕定は、越後国守護上杉房定《ふささだ》の子である。明応三年（一四九四）の房定の死後、顕定の弟房能《ふさよし》が家督をついで同国守護となった。ところが永正四年、同国守護代長尾為景《ためかげ》に攻められて、房能は自害してしまった。為景は、有名な上杉謙信（長尾景虎）の父である。

為景は、上杉一族の定実《さだざね》を擁して守護に推した。宗長が鉢形についた八月の一ヵ月ほど前に、上杉顕定は武蔵・上野両国の軍勢をひきいて越後国へ進発しており、宗長の右の記事は、そのころの様子を述べたものである。顕定の執事顕方は、その留守を守って鉢形城にいたのである。

顕方は顕忠《あきただ》の子で、父顕忠はこの年の正月に死んだばかりであった。顕忠も、永正二年正月に三条西実隆に自作の和歌を送り、添削してもらっていることが『実隆公記』に見える。同日記に、実隆のところへ越後国の特産品青苧《あおそ》を取り扱う大坂天王寺の商人が情報をもたらし、七月二十七日に関東の軍勢が越後国へ攻め入り、「一国ことごとく滅亡」の惨事であると知らせている。実は実隆の収入には、全国の青苧座から三条西家に納める公事《くじ》が大きかった。この公事が手に入らなくなると、実隆はため息をついてなげいている。

白井長尾氏の本拠・白井城本丸跡の土塁　群馬県渋川市

上杉顕定は養子憲房《のりふさ》とともに越後国へ攻め入ったが、それ以前に憲房は、長尾為景に味方した長尾景春を上野国白井城（渋川市）に攻めている。そのあとに大森式部入道を置き、白井城を守らせ、憲房は顕定とともに越後国へ進発したのである。大森式部入道は、北条早雲に攻め取られた小田原城主大森藤頼の甥顕隆である。小田原落城後、顕隆はそれまで敵対していた山内上杉氏に寝返り、主家の扇谷上杉氏と戦った。すなわち、永正元年の武蔵国立河原合戦で山内・扇谷上杉氏が戦ったとき、顕隆は山内上杉顕定に味方した。これは、山北町の岡部家文書によって証明される。さらに同家文書には、

当地に滞留するについて、懇切な手紙をいただき本当にうれしく思います。両上様の和睦のことは、言上の趣にまかせましょう。なお申し調べの最中ですが、こちらのことは

ご安心下さい。近く帰陣するでしょう。よって越後国の事は差したることもありません。珍しい事があったら手紙で知らせます。なお、打鮑《うちあわび》（鮑の肉を細長く切ってのして乾したもの）を送っていただき、喜んでおります。恐々謹言

八月十四日　　可諄（花押）

大森式部大輔殿

という、可諄（顕定）から顕隆に宛てた手紙がある。年号がないが、永正六年に越後国出陣中の顕定から出されたものである。

長尾氏の寺領寄進

この年十一月、長尾顕忠の後家華渓幸春は、亡夫顕忠の菩提のため、鎌倉円覚寺内に竜隠軒を再興し、その所領として鎌倉郡長尾郷内の地（横浜市戸塚区）を、子顕方《あきかた》の承認をえて寄進した。長尾郷は長尾氏の名字の地である。同氏が宝治合戦（一二四七年）で三浦泰村《やすむら》に味方したため没収され、近江国の佐々木氏の所領となったが、享徳の大乱（一四五四年）で長尾景仲が長尾郷を回復している。景仲の屋敷は鎌倉山内にあり、景仲の死後、その屋敷の地に円覚寺住持芳隠省菊が塔頭の雲頂庵を再興した。そうした関係から、長尾氏は雲頂庵の檀那となり、所領を寄進するなどして同庵を保護している。

雲頂庵領に、鎌倉郡富塚郷（横浜市戸塚区）がある。同庵文書のうちに、応仁元年（一四六七）、

沢部森忠・同小太郎入道善阿弥が、同郷内の雲頂庵領の年貢として毎年八貫二百文、米九斗を納入すると請け負ったときの押書《あっしょ》（契約書）がある。この押書の裏に長尾顕忠の父忠景が花押をすえている。戸塚郷内の地も、長尾氏がその所領を寄進したものであろう。押書の文面から、善阿弥は森忠の請け負った年貢納入の保証人であったことがわかる。

沢部氏は江戸時代、東海道戸塚宿の本陣を務めた家柄である。沢部森忠が富塚郷の年貢納入を請け負うことについて、金井□郎左衛門尉なる人物に、その仲介を頼んでいる。この金井氏は、長尾忠景の家人ではなかろうか。長尾郷内には田屋村・小雀村・金井村があったが、あるいは金井氏は、金井村を本領とした武士であろう。雲頂庵が所領としたのは、長尾郷内の金井村である。

顕忠の後家、華渓幸春が雲頂庵主の隠居所のようにつくった竜隠軒へ寄進した長尾郷内の軒領も、幸春が寄進地の注文をつくったものが竜隠軒（庵）文書に残っており、それにも「金井村堀内分」とある。そして、この寄進について子顕方が同意したとの証文も、同庵に伝えられている。また、雲頂庵領に長尾・富塚両郷と柏尾川をへだてた対岸の鎌倉郡飯島村内の地があるので、そのころ長尾氏は、この付近一帯にかなりまとまって領地を有していたことがわかる。

再興した雲頂庵は芳隠省菊のあと、月渓省心ついで久甫淳長が庵主となった。藤沢宿の旧家堀内家に、上杉房顕が淳長に宛てた書状が伝えられている。房顕は関東管領顕定の養父であるが、書状の内容は、武蔵国秩父郡内の蔵福寺を淳長が所務することを認めたものである。蔵福寺は秩父郡般若村（小鹿野町）にあり、戦国末期には曹洞宗に改宗している。文亀元年（一五〇一）、淳長は弟子仁英省輔らに置文を与え、雲頂庵の収支は般若村と佐野村の年貢をもって賄うように定めている。雲頂庵領である般若村は、右の秩父郡蔵福寺領であった般若村のこととみることができる。

そのころ淳長は、鉢形城にしばらく滞在していた。置文のなかで淳長は、長尾忠景（敬叟）が雲頂庵中興の主で、太駄村を寄進した檀那であると記している。太駄村は鉢形城に近い武蔵国児玉郡（本庄市）内にあり、雲頂庵には忠景の寄進状と、子顕忠が太駄村へ下した禁制とが伝えられている。また、永正四年に淳長が雲頂庵・宝珠院を仁英省輔に譲ったときの譲状もあり、その裏に長尾顕方がこれを承認したと書いている。

長尾景春が拠った鉢形城と円覚寺雲頂庵

永正六年（一五〇九）に宗長が訪れた鉢形城は、秩父連山を源とする荒川にのぞむ切り立った河岸段丘につくられた城で、『新編武蔵風土記稿』によると、「本城は山によりて、後背断岸十七、八丈の下を荒川流れ、東曲輪の外は深沢川流れて、是も十余丈の断岸にて、最要害の城なり」とある。

はじめ、この鉢形城に拠ったのは長尾景春である。関東管領山内上杉氏の執事であった長尾景《かげ》信《のぶ》の子景春は、文明五年（一四七三）に父景信が死んだのち、当然に父のあとをついで、山内上杉氏の執事になるものと信じていた。ところが、上杉顕定の重臣寺尾入道と海野佐渡守が相談して、景信の弟忠景を執事とすることに決めてしまった。太田道灌は再三顕定に忠告し、せめて景春を武蔵国守護代に取り立てたらと進言したが、顕定はこれを取り上げなかった。

そこで文明七年、景春は主家の上杉顕定に叛し、武蔵国鉢形城に拠った。景春が鉢形城に拠ったのは、ここが秩父地方の入り口にあったからとされる。長尾氏の一族は、秩父地方と関係が深かったという。文明十年、太田道灌の攻撃によって鉢形城は陥落し、代わって上杉顕定が鉢形城に入り、上野・武蔵両国を支配した。顕定の執事であった長尾忠景・顕忠・顕方の三代にわたって鉢形城にあったのはこのためである。

鉢形城跡の石積みと復元された四脚門　埼玉県寄居町

長尾氏が檀那であった鎌倉円覚寺の塔頭雲頂庵主久甫淳長は、明応七、八年ごろから三ヵ年にもわたって鉢形城にあった。そして、同庵の所領は鉢形城に近い児玉郡内の太駄村や秩父郡内の般若村にあったのも、檀那である長尾氏が北武蔵のこのあたりに所領をもっていたからである。

年代は明らかでないが、雲頂庵には長尾顕忠が波多野次郎左衛門尉に宛てた書状が伝来している。波多野氏はいうまでもなく、平安時代末ごろから相模国波多野庄（秦野市）を本領とした武士である。その波多野氏に対して、顕忠は関東管領上杉顕定の命を受けて、小磯遠江守の旧領を知行しているという証拠を提出するよう命じている。小磯遠江守は、現在の大磯町小磯あたりを領地とした武士と思われ、小磯氏の旧領を波多野氏が知行していたのである。

雲頂庵には、いずれも写しである波多野一族の文書が十通あり、おそらく証拠の文書として写しを作成したものと考えられる。雲頂庵内につくられた竜隠軒には、将軍足利義政が波多野伊賀入道に与えた御内書《ごないしょ》の写しが伝えられている。内容は、伊豆国三島の合戦で波多野次郎左衛門尉が討ち死にしたという、扇谷上杉持朝からの注進が到来したのを受けて、おそらく次郎左衛門尉の父である伊賀入道に宛て、その戦功を賞したものである。

さらに、円覚寺の仏日庵《ぶつにちあん》には頼胤《よりたね》という人物から波多野次郎左衛門尉に宛てた書状がある。内容は、次郎左衛門尉が一族の波多野高経《たかつね》の子竹音丸を養子にして、相模国生沢郷内の地を譲ったという譲状を披見したというものである。生沢郷は小磯に近い二宮町生沢のことである。先の小磯遠江守の旧領というのは、この生沢郷ではなかろうか。

仏日庵には江戸時代、雲頂庵に伝来していた文書が混じっている。将軍義政の御内書も、もとは雲頂庵の所蔵であった。頼胤書状も、もとはほかの波多野一族の文書とともに、雲頂庵に伝えられていたものではないだろうか。なお、頼胤は鎌倉御所奉行であった海上頼胤と推定される。奉行であった頼胤が、所領相続の承認にあたってその証拠の文書を見たことを伝えたものである。宛て先の波多野次郎左衛門尉は、伊賀入道の子であろう。つまり、円覚寺の塔頭雲頂庵に伝えられた波多野氏関係文書は、高経一族の文書ということができる。

三田氏宗に宛てた上杉顕定の書状

ＪＲ青梅線を青梅駅からさらに奥多摩へ向かって四つめの駅が、二俣尾駅である。ここらあたりになると、多摩川を囲む山々は峻嶮となる。その山のひとつ、辛垣《からかい》山上にあるのが辛垣城である。室町時代からこの一帯を支配した三田氏が、永禄六年（一五六三）、北条氏照《うじてる》に攻められて滅ぼされたのが、この辛垣城といわれる。三田氏滅亡の様子を書きとめた日記を、二俣尾の旧家谷合家が所蔵している。

谷合家には、関東管領上杉顕定が三田弾正忠に宛てた書状が伝えられている。内容は、「敵軍がそちらの方面へ向かっているとの知らせが戌刻（午後八時）に到着した。火の手が見えるまでは安心できない。長尾修理亮その他を高倉まで派遣したが、敵が迫ってきたという知らせがあったため、酉刻（午後六時）に帰陣した。今後の取り扱いについてしたためましたが、止むをえないことである。椚田《くぬぎだ》のことは大切であるから、そちらに敵軍が近づいたら、ただちに立て篭もり、堅固な備えをすることが肝要である」というものであった。

残念ながら、この手紙には年代が記されていないため、いつごろのものかわからない。ただし、顕定が出家して可諄と号した永正五、六年より以前であることは疑いない。なお、文中に見える高倉という地名は入間市高倉であり、金子氏の本領金子郷内に所在し、鎌倉街道上道に位置する。

三田弾正忠に守備を命じた椚田は、八王子市の高尾山麓にある椚田城のことで、現在その城跡は東京都の旧跡に指定されている。椚田城はこのあたり一帯を支配した長井氏の城である。同氏は鎌倉時代の初め、横山党といわれた在地武士横山氏が滅ぼされたあと、この地を領地とした大江広元の子孫である。長井広房《ひろふさ》は上杉持朝の娘を妻とし、扇谷上杉氏と手を結んだ。そのため永正元年（一五〇四）、上杉顕定と越後国守護上杉房能の連合軍に攻められ、城主長井広直《ひろなお》は討ち死にしてしまった。

このようにみると、顕定は鉢形城にいて、長尾修理亮を入間郡高倉あたりへと派遣し、三田弾正忠は落城した椚田城へと立て篭もらせて、敵軍である扇谷上杉氏に対したときの書状とみることができる。また永正元年十二月一日、椚田城が山内上杉氏の手に落ち、翌二年三月、顕定・房能は扇谷上杉朝良を河越城に囲み、朝良は執事曽我氏を顕定のもとへやって和睦を求め、顕定はこれを入れていったん須賀谷（嵐山町）へ帰っているので、このときのことを指しているとみてよいだろう。日付の三月晦日から、顕定の書状は永正二年と考えられる。

すると、三田弾正忠は氏宗、長尾修理亮は顕定の執事顕忠ということになり、顕忠はこのとき鉢形城にいたのである。入間市高倉へそそぐ霞川の上流、青梅市勝沼の館にいた三田氏宗・政定父子と連れだち、永正六年八月に武蔵野の萩・ススキを踏み分けて、鉢形城の長尾顕方を訪ねた宗長がこの間に通った道は、右の鎌倉街道上道であった。つまり、顕忠が鉢形城から出陣して高倉へと進んだ道筋とも同じである。

上野・下野両国の武士たちを訪れ、ふたたび鉢形城に寄った宗長が、須賀谷から平沢寺《へいたくじ》を経て帰路についていることからもわかる。須賀谷・平沢寺ともに、上道に沿って所在している。

岩松氏と横瀬氏

鉢形城でわずか一日過ごしただけの宗長は、翌日「長井の誰やらんの宿所」へと送られた。長井とは、長井斎藤別当実盛《さねもり》の本領であった長井庄のことであり、その惣鎮守が、有名な妻沼《めぬま》の聖天堂（歓喜院）である。鶴岡八幡宮の相承院に、聖天堂別当を同院主弘俊が兼任するのを承認するとした、大江持宗《もちむね》の手紙がある。内容からして、長井庄は持宗の領地だったらしい。宗長が一泊した「長井の誰やらんの宿所」は、この持宗一族の館であろうか。

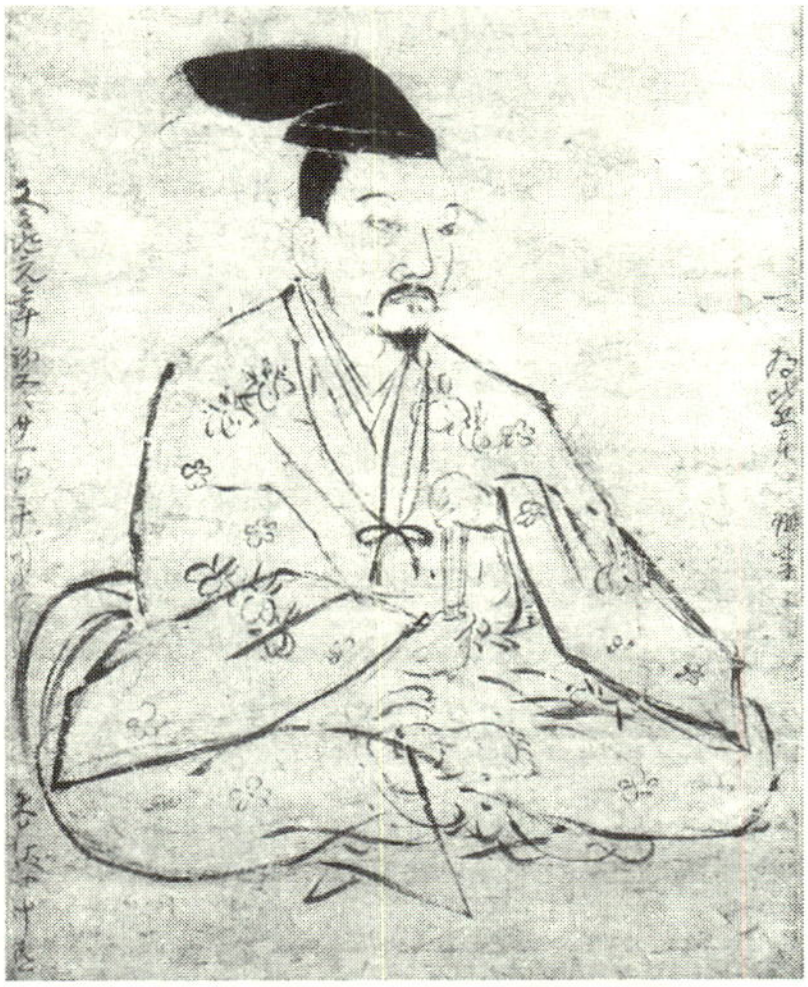

岩松尚純肖像　群馬県太田市・青蓮寺蔵

利根川にのぞむ長井を朝早く出発した宗長は、利根川を船で渡り、上野国新田庄（太田市）に岩松尚純《ひさずみ》を訪ねた。このとき尚純はすでに隠遁して、静喜と号していた。五、六日をここで過ごす間、しばしば連歌会を催している。

実は、宗長は尚純からしばしば手紙をもらい、その縁で今回の奥州白河への旅を思い立ったのであった。そして、新田庄岩松にある道場（青蓮寺という寺であったらしい）で連歌会があり、祖光という知り合いの隠者の草庵に一泊したりしている。尚純の父明純《あきずみ》は幼いとき、その父家純《いえずみ》とともに京都におり、幕府政所執事代の蜷川親当《にながわちかまさ》の娘を妻とし、尚純が生まれた。和歌にすぐれた尚純には、『池水草』という歌集があり、宗祇や兼載など連歌師とも交わり、『新撰菟玖波集《しんせんつくばしゅう》』に九句も入集している。尚純の執事横瀬国繁《よこぜくにしげ》も、同集の作者である。宗長が訪れたころは、尚純は国繁に実権を奪われ、隠居させられていたのである。

宗長は国繁には会っていないが、岩松氏といい、横瀬氏といい、両氏ともまことに数奇な運命を歩んだ家柄である。岩松氏は足利氏、横瀬氏は新田氏というように、ともに新田・足利という武家の名門の出身である。横瀬氏は、新田義貞あるいはその子義宗《よしむね》の子といわれる貞氏《さだうじ》が、父義貞（あるいは義宗）が討ち死にしたのち、六歳で身を隠し、相模国藤沢の清浄光寺（遊行寺）六の寮の弟子に入り、良阿弥と名乗った。のちに還俗して、家臣の横瀬時清《ときよ》の婿となって横瀬氏を称したことに始まる。一方、家伝によると岩松氏は、足利義兼《よしかね》の長男義純《よしずみ》が父の勘当を受けたため、新田義重《よししげ》に育てられ、その子時兼《ときかね》が新田庄岩松郷に住んだところから、岩松を名乗ったという。

岩松氏は、上杉禅秀の乱で当主満純（天用）が禅秀（上杉氏憲《うじのり》）の婿であったことから禅秀に味方したため、新田庄を没収され、一族の岩松持国《もちくに》に与えられた。そこで、満純の子家純（土用松丸）は頭を剃って同庄世良田の長楽寺に入り、命は助かった。乱後、家純は甲斐国守護武田氏

復元された金山城跡の月ノ池　後ろは大手虎口　群馬県太田市

を頼り、ついで美濃国守護土岐氏に助けられている。当時、鎌倉公方持氏と対立していた将軍義教は、家純に上洛するように命じ、まだ僧衣のままであった家純は還俗して長純と名乗り、京都へ移った。長純に近江国で所領を与えた義教は、結城合戦（一四四一年）にあたって、京都勢とともに関東への下向を命じた。

　こうして、関東へ帰った家純（長純）に旧領の新田庄を与えることを約束した義教は、嘉吉元年に赤松満祐《みつすけ》に殺されてしまった。そのため、それまで新田庄を領有していた一族の岩松持国は、古河公方成氏に味方して家純と対立し、当然、家純は上杉方に加わって新田庄を取り戻そうと努力した。文明元年（一四六九）、新田庄を持国から奪い取った家純は、同庄内の金山に城を築いている。家純は京都にいたころ、延暦寺の山徒杉生房の娘との間に長子明純をもうけていたが、家純の関東下向に同行せず、ようやく文明三年に、蜷川親当の娘との間に生まれた尚純を連れて金山城に入った。

　文明九年ごろ、関東管領上杉顕定は、明純に下野国足利庄六十六郷と武蔵国長井十二郷を与える約束をした。しかし、家純は自身に無断でこのような約束をしたことを激怒して明純を勘当し、顕定と手を切って、古河公方成氏と手を結ぶようになった。そのため、勘当を受けた明純は、鉢形城の顕定のもとに子尚純とともに移っている。明応三年（一四九四）、家純は孫尚純のみを許し、尚純は金山城に入った。その仲介をしたのが執事の横瀬国繁である。この年四月、家純は八十六歳で他界した。

そこで、国繁は上杉顕定が在陣する上野国総社で明純・尚純父子の対面を図った。ところが、その直後に明純が突然、金山城に帰ってきてしまった。国繁らは、明純に同国丹生郷へ隠居するようにすすめたが、そのことから大事件が発生する。

明純は隠居を拒否し、顕定のもとに帰陣してしまい、翌四年、国繁の子成繁が同国草津に湯治にでかけている隙に、明純・尚純父子は横瀬氏への反乱を起こしたのである。結局、明純・尚純父子は敗れ、古河公方政氏の仲裁で、下野国足利庄で生まれた尚純の子夜叉王丸を「名代」として、横瀬国繁・成繁父子に預け、尚純は同国佐野庄に「蟄居」することで和解した。

文亀元年（一五〇一）、夜叉王丸は佐野庄から金山城に移り、翌年、岩松八幡宮で元服し、昌《まさ》純《ずみ》と名乗った。実権は横瀬氏に移り、昌純は単なる「かいらい」大名になってしまったのである。

「関東の名医」田代三喜

隠居していた尚純（静喜）の館を発った宗長は、下野国の佐野氏の館へ向かった。尚純はお供として自身の若侍をつけている。宗長は途中、足利学校に立ち寄った。足利庄政所近くの足利学

田代三喜も学んだ足利学校　栃木県足利市

校は、孔子《こうし》・子路《しろ》・顔回《がんかい》らの肖像をかかげており、「諸国の学徒かうべ（頭）を傾け」て勉学している様子を見て、「かしこく（賢く）かつあはれ（哀れ）」に思ったという。

ついで、「御当家旧跡」の寺を一見しようと思い、院家の千手院で茶をもらったところ、院主は顔見知りの僧であったので、三日間滞在することになった。その間、千手院・東光院・威徳院でそれぞれ連歌会が開かれている。

その後、佐野氏の館へ入った。佐野氏一門の山上筑前守の宅で連歌会を催したが、音丸という連歌のうまい子どもがおり、主人の佐野秀綱《ひでつな》・泰綱《やすつな》父子とも会い、連歌を詠みあっている。実は、尚純の義父は秀綱の父盛綱《もりつな》で、古河公方の近臣であった。

足利・佐野と渡良瀬川に沿った宗長の旅は、さらに奥州白河へと向かう。

このとき、連歌師兼載《けんさい》から手紙をもらった。兼載は「坂東道五十里」ばかり隔てた下総国古河で、病気のために江春庵という「関東の名医」から治療を受けていた。江春庵は田代三喜といい、もともと伊豆国狩野庄田代郷の出身の武士であった。父兼綱《かねつな》のときに武蔵国河越（川越市）に移り、寛正六年（一四六五）に三喜が生まれた。

三喜は幼時に京都の妙心寺で禅を学び、文明の末ごろ下野国の足利学校に入り、儒学・医学を学んでいる。長享元年（一四八七）に遣明船で明国へ渡り、同国の医術を習得したのち明応七年に帰国し、鎌倉の江春庵に住み、ついで下野国足利に移った。

このころ古河公方政氏は、三喜の名声を聞いて古河に招いたのである。猪苗代兼載は文亀二年（一五〇二）、箱根湯本で宗祇が死んだ知らせを聞き、急ぎ湯本をおとずれ、追悼の長歌を読んで宗長に送っている。兼載は三喜斎の治療にもかかわらず病気回復にいたらず、翌永正七年六月六日、古河で没した。五十九歳といわれる。

連歌師として活躍した猪苗代兼載

猪苗代兼載は、陸奥国会津の芦名一族の出身で、心敬《しんけい》・宗祇と交わり上洛した。延徳元年（一四八九）、宗祇のあとをついで京都の北野連歌会所の奉行・宗匠になり、明応四年（一四九四）には『新撰菟玖波集』を完成させている。この間、関東に下向し、関東管領上杉顕定や執事長尾忠景の子顕忠、上野国の岩松尚純、横瀬国繁・成繁父子、下野国壬生《みぶ》の水谷禅林など、諸国の豪族を歴訪した。

文亀元年（一五〇一）にはふたたび関東に帰り、陸奥国岩城平（いわき市）に庵室を結んだ。翌二年、箱根湯本で宗祇が死んだとの知らせを聞き、その跡を尋ね、追悼の長歌を詠んで宗長に送っている。永正六年、病気のため下総国古河（古河市）で治療を受けたが、その甲斐もなく翌七年、古河で病没したのである。古河から宗長に宛てた兼載の手紙には、「中風」（脳出血）のため、手がふるえて思うように書けないと記されている。

古河にあった兼載は、中風で体が不自由であったろうが、古河公方政氏に求められて次の発句をつくっている。

古川《古河》に侍し比、殿中より御法楽のためとて、発句可奉旨仰られしに

松に菊おもへは冬の草木哉

兼載は、連歌の師匠であった心敬からもらった「景感道」を、公方家の所望によって、近習本間某を通じて政氏に献じた。また、大東急文庫所蔵の『連歌比況集』も、奥書によると兼載が「関東公方」へ進上したとあり、さらに兼載の句集に、「古川《河》公方様へ進上連歌」と題するものが伝えられている。兼載はこの句集のあとがきに、「病気のために深く考えることができない、「未練の作」で賢覧に供することははばかりがあるのだが」と述べている。

そのころ（永正六年）、越後国へ出陣中の関東管領上杉顕定から、法楽のためとして連歌を所望され、そのときにつくったのが次の句である。

管領《顕定》越後の御陣より御法楽の為とて所望ありしに

今年生の竹ともみへぬ千いろ哉

兼載は、翌七年六月六日、古河で病没した。また、顕定はそれから二週間ほどのちの六月二十日、

越後国長森原で同国守護代長尾為景に攻められて討ち死にした。古河公方義氏《よしうじ》に仕えた一色直朝《なおとも》（月庵）は、兼載の墓所に訪れたことを『桂林集』のなかで、次のように書いている。

兼載法師が墓所は、古河の北野和田といふ所に有。里人にとひ（問）ければ、是なんその塚なりといふ。くさ（草）深く葎とちて、露分る人もみえざりしに、そのかみの新菟玖波集などのふること（旧事）ともおもひ出て

つくば山しげき言葉の花の露
　　苔の下にも光みゆらむ

古河市の西北二キロ、下野国に入るが、栃木県下都賀郡野木町の野渡に満福寺がある。同寺は古河公方成氏がつくったとされ、境内の五輪塔は成氏の墓だという。同じくこの墓地

猪苗代兼載の墓　栃木県野木町・満福寺

に、兼載の墓がある。

文化八年（一八一一）、兼載三百回忌に建てられた墓碑には「耕閑軒法橋兼載翁墓」、右に「永正七庚午六月六日卒」、左に「花ちりて名のみ残るや墳桜」の句が刻まれてある。『古河志』によると、墓のそばに墳桜一株があり、これを「勾桜」というとある。兼載の子兼純は、その後も父のいた岩城平の庵にいたが、のち仙台の伊達氏に仕えた。

歌枕で有名な室の八嶋

その後、宗長は横手繁世《しげよ》にともなわれ、壬生城の連歌会に出席した。繁世は城主壬生綱房《つなふさ》の舅横手一伯の子と考えられ、壬生城に近い日向城を預かっていた。近くに歌枕で有名な「室の八嶋」があるので、綱房とともにそこを訪れている。室の八嶋は、同国国府のあった栃木市惣社町の大神神社境内にあるが、思川の支流小倉川が流れる扇状地が、伏流してこのあたりで湧水となってあらわれる。そこに八つの小島をつくり、それを総称して「室の八嶋」といい、「八代集」など古来から歌枕に用いられた。芭蕉も「奥の細道」でここに立ち寄り、

　室の八島に詣づ、同行曽良《そら》が曰く、此の神は木花開耶姫《このはなさくやひめ》の神と申して富士一体なり。無戸室《うつむろ》に入りて焼け給ふちかひのみ中に、火々出見尊《ほほづみのみこと》生れ給ひしより、室のしろ《（子の代）》といふ魚を禁ず、縁起の旨、世に伝ふ事も侍りし。

と記している。八つの小島それぞれに、木花開耶姫を祭神とする富士浅間社を祀ってある。宗長は「猶あはれにたえず」、一首の句を詠んだ。

　朝きりや室のやしまの夕ふけり

　東路の室のやしまの秋の色は
　　夫ともわかぬ夕烟哉

ついで、綱房と彼の父綱重《つなしげ》が在城する鹿沼《かぬま》城に入った。鹿沼土で知られる鹿沼市の西はずれ、現在の御殿山公園がその城址である。同所は佐野氏の一族鹿沼氏の領地であったが、壬生氏はこ

日光の神橋　栃木県日光市

れを奪い取った。宗長は綱重の館で一泊し、彼の案内で日光に向かった。このとき宗長が書いた描写は、中世における日光の様子を余すところなく描いたものとして知られている。

鹿沼から日光山の寺々までは五十里の道のりであった。坂本（日光市中鉢石町）まではひどい雨のため、人馬の往来もそれほどはげしくなかった。しかし、坂本では人家が軒を並べ、その数さえわからないくらい密集してつづいており、裕福な町に見えた。この坂本から寺までの間は、あたかも京都・鎌倉の町のように繁栄し、市をなしているようだ。

ここで、国の重要文化財に指定されている神橋の前身である「山菅《やますげ》」の橋について、

左右の谷より大なる川流出たり、おち合所の岩のさきより橋あり。長さ四十丈にも余りたらん。中をそらして、柱もたてず見えたり。山菅の橋と昔よりいひわたりたるとなん。此山に小菅生ると万葉にあり。ゆへある名と見えたり

と述べている。この日は夕暮れに宿坊の鏡泉坊に着き、ここで一泊。翌日、座禅院で連歌会が開かれ、その席に「宮増源三などいふ猿楽のぼりあひて、夜ふくるまで盃あまたたびに成て、うた

ひ舞などして、こころおもしろき夜」を過ごした。猿楽《申楽》は、田楽とともに中世の代表的な芸能で、猿楽能といわれるように、能の原流をなすものである。宮増源三は大和国の猿楽座の楽頭で、地方巡業を主としていたらしく、このとき東国の日光山にもでかけていたのである。

下野日光山を支配した壬生氏

これより谷々を見おろせば院々僧坊およそ五百坊にも余りぬらん

右の歌は、日光の寺院を詠んだものだが、当時はもちろん東照宮は存在しない。寺々は輪王寺を中心とした坊舎である。日光山別当は鎌倉の大御堂（勝長寿院）別当が兼務していたが、応永末年に廃絶し、それまで留守役として日光山に住んでいた座禅院の別当が、実権をにぎるにいたった。日光山は、はじめ宇都宮氏の支配下にあったが、同氏に属していた壬生氏が主家を圧倒し、綱重の子綱房は日光御神領物政所職を手中にし、経済的にも日光山を支配するようになった。以後、壬生氏の子弟が座禅院別当を世襲し、聖俗両面から日光山の支配権を独占した。

日光山への入り口に位置する壬生・鹿沼などの地を支配した壬生氏は、朝廷の官務《かんむ》（太政官弁官局の史の最上首）を世襲した小槻家の出身といわれる。小槻晨照《あさてる》の庶子胤業《たねなり》が、寛正三年（一四六二）に武家になることを望んで下野国へ下向し、都賀都荒間地（壬生町）に館を構えたことに始まる。文明元年（一四六九）には、胤業は先祖の小槻今雄《いまお》（同家の中興）を祀る近江国滋賀郡の雄琴《おこと》神社を壬生の地に勧請した。胤業は明応三年（一四九四）に没し、その子が綱重である。

おそらく、宇都宮氏から「綱」の一字をもらったのではないかという。

綱重は宇都宮氏の重臣、芳賀高益《たかます》の娘を妻とし、宇都宮氏一族の鹿沼氏を滅ぼし、鹿沼に進出した。宗長が訪れたのは、それからまもないころである。そして、綱重の子綱房が日光山をも支配するにいたり、綱房の子昌膳《しょうぜん》が日光山の座禅院別当となった。天文元年（一五三二）、綱房は芳賀高経《たかつね》とともに無能な宇都宮興綱《おきつな》を隠居させ、子俊綱《としつな》に家督をつがせた。そして俊綱（この当時は名を改め尚綱《ひさつな》）が同十八年に敗死するや、綱房は宇都宮城に入り、芳賀高照《たかてる》とともに宇都宮氏の主権を握った。

綱房の子綱雄《つなお》も宇都宮城にあったが、弘治三年（一五五七）、宇都宮広綱《ひろつな》と佐竹義昭《よしあき》の連合軍に攻められ、同城を開け渡した。綱雄はのちに綱長《つなが》と名を改めている。天正四年（一五七六）、鹿沼城下の天満宮へ参詣中、叔父周長に殺された。その周長が、小田原の「ういろう《（外郎）》」で知られる宇野氏に、日光山内で透頂香の販売を許した座禅院昌忠《しょうちゅう》（当時同院別当は綱房の弟昌淳《しょうじゅん》）の許可状に添状を出している。小田原市十字町の外郎家に伝えられている周長の添状に、「くわしくは大門図書助」から伝えさせるとあるが、この図書助は周長の甥資忠《すけただ》である。

天正七年、周長は綱雄の子義雄《よしお》と戦い、日光山へ敗走中に、板橋城主であった板橋親棟《ちかむね》に殺された。『板橋家譜』によれば、板橋氏は武蔵国の出身で、親棟のとき壬生氏から救援を頼まれ、小田原北条氏が派遣したものだという。実はそのころ、壬生氏は宇都宮氏との対抗上、小田原北条氏と手を結んでいた。義雄は天正十八年の小田原の役に、北条氏の要請によって小田原城に籠城し、竹鼻口を守ったが、七月八日、酒匂川のほとりで自害した。義雄には男子がなく、北条方であったために所領を没収され、ここに壬生家は断絶したのである。

壬生町の常楽寺には、壬生家の墓がある。同寺は胤業が当地の天台宗の寺院を移して、曹洞宗に改宗し、創建したものと伝えられている。豊臣方が書き上げた北条氏の城のうちに、

下野壬生城　　壬生中務

同　鹿沼城　　同

同　日光山　　三ヶ所　千五百騎

とある。

連歌師兼載の句集にも、彼が壬生綱房の館で連歌会を催したらしいことがうかがえる。そのとき、宇都宮・芳賀両氏の館も訪れている。

第二章　宗長の紀行文にみる関東諸将の一族間紛争

二荒山神社と社務宇都宮氏の動向

日光山に詣でたのち、宗長は宇都宮に向かった。日光から宇都宮までの道のりは六十里あり、宇都宮への途中、横倉（宇都宮市）で同行の壬生綱重と連歌会を催している。宇都宮では二荒山神社に参詣した。

二荒山神社は、日光と宇都宮の二ヵ所にある。『延喜式《えんぎしき》』の名神大社で、江戸時代まで日光の二荒山神社は日光新宮大権現、宇都宮は宇都宮大明神と称した。日光の二荒山神社は、日光山を開いた勝道《しょうどう》上人が男体山頂に奥の宮を祀り、中禅寺湖畔に中宮、神橋の近くに本宮、東照宮の近くに別宮（滝尾権現）がある。中宮の別当寺が中禅寺である。滝尾権現＝滝尾神社については、宗長の『東路のつと』の一節にも、日光山の本堂に参拝し、「滝の尾といふ別所あり、滝のもとに不動堂あり、滝の上に楼門有り、廻廊あり」と記されている。

日光の二荒山神社と宇都宮の二荒山神社は、延喜式内社をめぐって明治年間まで争っていた。宇都宮大明神といわれた二荒山神社は、いまでこそ栃木県の県都、宇都宮市街地の中心にあるが、江戸時代までは奥州、日光街道の宿駅であった宇都宮宿のはずれにあった。蝦夷地探検に赴く近藤重蔵が、寛政十一年（一七九九）に宇都宮に詣でた際の記事にも、「宿はずれに赤き橋かかりてあり、朱の玉垣みやびやかに見え、勲一等正一位示現宇都宮大明神と記せり」とある。宇都宮の社務職に任ぜられたのが宗円《そうえん》で、宗円の子孫が鎌倉幕府の有力な御家人となった宇都宮氏である。宗長も『東路のつと』に、この二荒山神社は「まことにかう〴〵しき神館也」と、一言その印象を記している。

　このとき宗長が、宇都宮氏の当主に会ったという記事はない。享徳の大乱で宇都宮等綱《ともつな》（道景）は上杉方に属し、子明綱《あきつな》は古河公方成氏に味方して、一族間で対立した。明綱を擁した有力な家人芳賀高朝《たかとも》は、成氏の命によって宇都宮城を攻撃したため、等綱は城を捨てて流浪の身となり、陸奥国白河氏を頼った。寛正元年（一四六〇）、等綱は白河の地で没している。明綱も同四年に早死にし、芳賀成高《しげたか》の子正綱《まさつな》が家督をつぐことになった。

　しかし、正綱の宇都宮氏への入嗣に、一族の武茂《むも》氏が反対した。文明のころ、正綱・成綱《しげつな》父子は謀反を企てた武茂六郎を攻めて殺し、正綱の子兼綱《かねつな》が武茂氏の名跡をついでいる。成綱が宇都宮氏の当主をつぐと、芳賀景高《かげたか》が大きな勢力をふるった。永正三、四年ごろ、古河公方政氏・高氏《たかうじ》（のち高基《たかもと》）父子は不和となり、高氏は古河を去って宇都宮城に入っている。これは、成綱の娘が高氏の内室であったからである。一方、芳賀景高・高勝《たかかつ》父子は政氏方についた。宗長が宇都宮へ詣でた永正六年、政氏、高基父子は和睦し、高基は古河へ帰ったばかりであった。

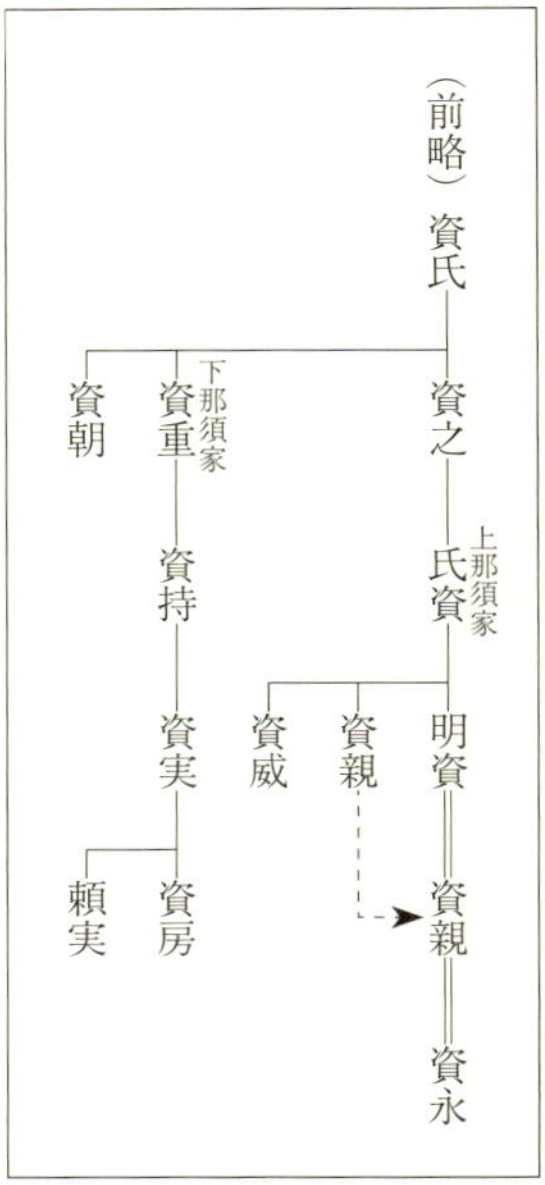

系図４　那須氏略系図

下野両那須家の争い

> 此辺より白川の間纔《わずか》に二日路の程なれど、此ごろ那須と鉾楯する事出きて、合戦度々におよべりとなん。一向に人の行かひ絶て、那須のしのはらいとど高かやのみ

と宗長が述べているように、宇都宮から奥州白河までは、二日の日程で到着できる道のりであった。

この間の那須郡一帯は、那須一族の支配するところであった。「鎌倉の沙汰所」を預かった（那須家譜）とか、「鎌倉評定人」（「那須記」）ともみえるので、那須資氏《すけうじ》は鎌倉府の評定衆として、裁判にも関係したことをいうのであろう。関東の有力な武家に、「関東八屋形《かんとうはちやかた》」がある。これは、下総（千葉・結城）・下野（小山・那須・長沼・宇都宮）・常陸（小田・佐竹）各国の守護級の武士を指す。応永六年（一三九九）に鎌倉公方満兼《みつかね》が「関東八家」を制定したとされ、屋形号と朱の采幣《さいはい》（＝采配。大将が指揮に用いる幣）の使用を許可したという（「佐竹系譜事蹟略」）。このように、那須氏は鎌倉府内での有力な武士の一族であった。

ところがこのころ、那須氏と宇都宮氏の間で鉾楯（対立）することがつづき、たびたび合戦が行われたため、人の往来が途絶してしまっていた。那須郡に隣接する常陸国境を回り道して白河へ行くと、日数は十五日ほどもかかってしまう。さらに、閏八月の雨で絹川《（鬼怒）》、中川などの大河が洪水しているということを聞き、上野国の草津での湯治がおそくなる恐れがあることを心配して、ついに宗長は白河行きを断念することになった。

　前項で宇都宮一族の内紛についてふれたが、この時期、那須一族も同様に、一族間での内紛に悩まされていた。当時の当主資氏は、本領の下野国那須庄のうち上庄を嫡子資之《すけゆき》に、下庄を次子資重《すけしげ》に譲った。資之の妻は関東管領上杉氏憲（禅秀）の娘であり、禅秀の娘たちは千葉兼胤《かねたね》（下総）・岩松満純（上野）・武田信満《のぶみつ》（甲斐）・大掾満幹《だいじょうみつもと》（常陸）にそれぞれ嫁していた。そのため、応永二十三年（一四一六）に勃発した禅秀の乱では、これら婿たちが禅秀に与して公方持氏に叛したのである。ところが、那須下庄を継いだ資重《すけしげ》は持氏にしたがい、駿河国の今川氏を頼った持氏と行動をともにして活躍している。

　このころから、上那須家と下那須家は対立するにいたった。上那須家の資之の子氏資《うじすけ》は、娘を宇都宮明綱と白河の結城義永《よしなが》に嫁入りさせた。氏資の家督をついだ明資《あきすけ》には子がなかったので、弟資親《すけちか》を養子とした。そして、資親にも男子が生まれなかったため、甥の結城資永《すけなが》（義永の子）に家督をつがせた。なお、資親の娘は宇都宮成綱に嫁している。

　このように、宇都宮・白河結城両氏と血縁が深い那須家であっただけに、宇都宮氏の内紛にまき込まれることになった。そして、さらに両那須家の争いが加わって、絶えず抗争がつづいていたのである。宗長が宇都宮へ着いたころ、資親に実子資久《すけひさ》が生まれたため、資親はすでに養子と

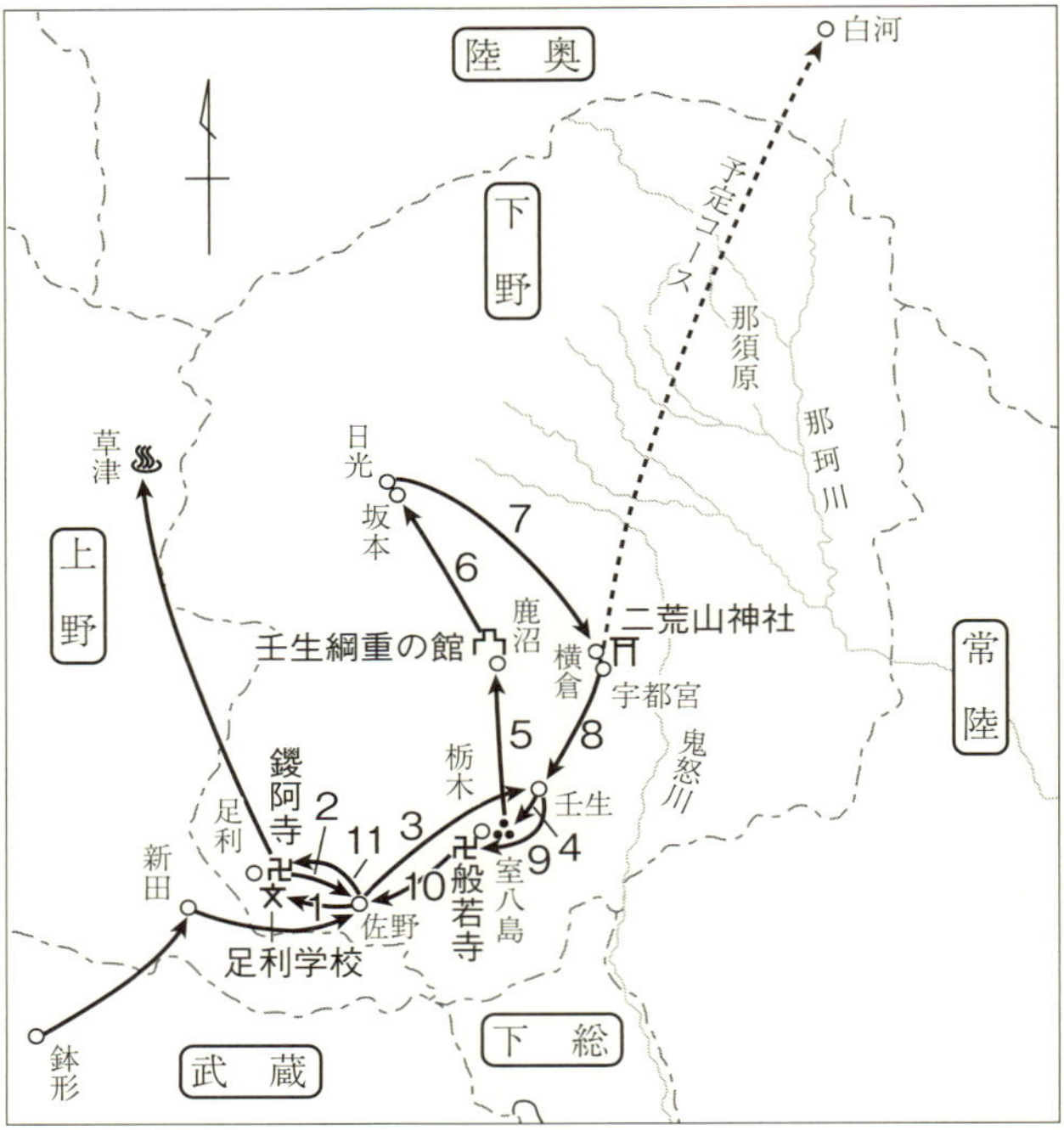

図４　下野周辺における宗長の経路

して迎えていた資永ではなく、実子の資久に家督を譲ろうとした。そのため、永正十二年の資親の死後、上那須家は資久方と資永方が争い、資久・資永ともに討ち死にし、同十七年、下那須家の資房《すけふさ》によって那須家は統一されたのである。

現在、那須氏の文書として数多く伝来しているのは、下那須家の文書である。とくに資重の子資持《すけもち》に宛てた古河公方成氏の書状は実に四十数通に達し、同一人に宛てた成氏の書状としては、驚くべき数量である。資房は資持の孫にあたる。

一方、宇都宮成綱は永正九年に芳賀高勝を殺害し、弟興綱《おきつな》に芳賀家を継がせた。那須家とともに、宇都宮家もそのころから一時的な安定のときを迎える。

佐野秀綱の招きを受ける

奥州白河への旅をあきらめ、宇都宮（二荒山神社）に参詣した宗長は、ここでふたたび古河公方に仕えていた江春庵に会った。「関東の名医」として知られる、田代三喜斎のことである。三喜斎は、宇都宮に「所労の人」（病人）がいるということで、このとき古河から赴いていた。病人は長阿といい、壬生綱重の同年の者であった。宗長は「名医の面談、かつ快然のおもひなきにもあらず」と述べている。

閏八月十三日、宗長は宇都宮からふたたび壬生に戻った。途中、はげしい風雨に見舞われ、このときのことを「壬生へ帰りくる道、雨風にみの（蓑）も笠もたまらずして、日暮におちつきぬ。某夜神（雷）なりさはぎ、あめ（雨）は夜ひとよ車軸のごとし」と記している。

翌十四日午の刻（正午ごろ）にようやく晴れたが、付近の川は近年にない洪水である。その夜、晴天で名月がかかり、連歌会が催された。十六日には佐野へ向かい、その途中、太平山《おおひらさん》で一泊した。杉木立の表参道八百余段の石段をのぼったところに、太平神社（栃木市）がある。神仏習合であった江戸時代まで別当であったのが般若寺で、宗長は同寺に宿泊した。

ここで壬生綱重と別れ、十八日に佐野に着くと、佐野館の主佐野秀綱から使者があって、居館へ招かれた。朝食を馳走され、一日風呂に入って休息したが、この日も雨風が降りしきっていた。

翌朝、宗長は近くの川にかかっていたという舟橋の地を見に出かけている。『万葉集』の連歌に、

上毛野佐野の舟橋取り放し
親は放《さ》くれど吾は放るがへ

と詠まれた舟橋である。

最初に佐野へ立ち寄ったときも、「此所は万葉に、さの田のいねとよめり、舟橋もこのあたり成べし」と記している。舟橋と佐野田の稲、それに佐野山と、佐野は連歌に三首も詠まれたところであるが、「上毛野」とあるように、これは上野国の佐野で、高崎市佐野町付近ともいわれる。舟橋は、その地を流れる烏川にかかっていたという。しかし、宗長の時代には、天命《てんみょう》鋳物で知られた下野国佐野庄とされていたことがわかる。

佐野の舟橋は、秋山川にかかっていたといわれた。「まことに舟橋かけわたしけん跡見えて、遙々の山もと也」ともみえ、そのあたりの里を「ふる恋路」といった。宗長はここで、

おも影はけふもむかしの名をしるく
聞渡りこしさのの舟橋

と詠んでいる。また、このときの出来事を、「舟橋の有けんといふ里に、小児のいとうつくしき。これも馬にてふと出あふにぞ、目心もおどろかれぬるさまなりし」と記している。稚児趣味を思わせることばである。

宗長はこのとき、舟橋旧跡近くにある梶原景政《かじわらかげまさ》の館を訪れている。佐野を流れる秋山川は、た

ちまち渡良瀬川に合流し、渡良瀬川はその先で利根川に流れ入る。そこが、古河公方のいる下総国古河の地である。下野、武蔵、下総三国が境を接する要地に位置し、佐野氏は古河公方の奏者を代々勤めた。梶原氏も鎌倉時代以来の足利氏の家臣で、古河公方の直臣であった。景政も、公方家に仕えていたものと思われる。

武士館での連歌会

景政の館で一泊したあと、翌日には佐野秀綱の館に帰り、そこで連歌会があった。その席に、宗長の師宗祇と知り合いの片見上野入道明見が出席していた。明見は、佐野から四十里ほどへだてた所に住んでいて、宗長が来るとの知らせで出かけてきたのである。片見氏は、渡良瀬川をへだてて佐野の対岸、上野国邑楽郡大島（館林市）に城館を構えていた。片見氏は、館林領を支配する赤井但馬入道法蓮の家人であり、館林領は上野国佐貫庄内で、かつて鎌倉公方持氏に重用された舞木《まいき》持広《もちひろ》の領地であった。

永享の乱（一四三八年）で、持広は公方持氏方に属し、関東管領上杉憲実《のりざね》と対立した。そして同十二年、管領への出仕と本領を安堵するとの口実で、憲実の執事長尾忠政《ただまさ》の宿所へ誘い出され、酒をすすめられているうちに忠政の手で殺されてしまった。赤井氏はその舞木氏の家人であり、同氏に代わって佐貫庄内館林領を支配するようになったのである。ここでも下剋上が行われたといえよう。

次いで佐野氏の重臣、竹沢山城守の宿所で連歌会が催された。ここは連歌に「器量」のあった小児の音丸が住んでいるところである。次に足利庄の鑁阿寺で連歌会があり、そこに壬生から横手繁世が出席していた。その後、上野国新田庄へ入り、岩松尚純の家臣大沢下総守の屋敷に六、七日逗留し、草津湯治のため食糧の用意をした。次いで、岩松尚純（静喜）の館で静喜と五十句ずつ百韻の連歌を詠んだが、岩松氏からは関東管領上杉顕定の越後国出陣を応援する心持ちがうかがわれた。

その後、大胡上総介の館で連歌を詠み、九月四日には青柳という里の荒蒔和泉入道の宿所に立ち寄るなど、赤城山麓を西へと向かっている。利根川を越え、榛名山の麓、浜河という所に住む松田加賀入道宗繁のもとに、一両日滞在した。松田は館を新築したばかりであったという。七、八年前（文亀二年）、越後国から病体の師宗祇とともに信濃路を経て関東へ入ったとき、ここで二十日間も逗留したことがあった。

浜川から烏川に沿って、榛名山麓を巻くようにして北上し、同国吾妻郡の大戸に着いた。その日は領主浦野三河守の宿所に一泊した。浦野氏は、真田氏をはじめとして信濃国東部に繁延していた滋野姓を名のる武士の一族である。そして九月十二日、目的地の草津温泉に到着した。浦野氏は「同行あまたありしまで、馬人数おほく」添えてくれていた。

草津湯治の間のことについては、『東路のつと』は一言も記していない。十日ほど滞在し、同月二十一日に草津を出発し、ふたたび「兼約」によって浦野の城館、大戸で連歌会を催した。

二十五日には依田光幸《みつゆき》の宿所で、大守（顕定）「佳例の法楽連歌」の会を興行している。『上野国志』によると、依田肥前守は同国碓氷郡板鼻古城にいたとある。

板鼻は、古くから関東と信濃国を結ぶ中山道の宿駅で、板鼻宿といわれ、宿内の聞名寺は一遍上人が開いたとされている。同寺は、一遍が愛用したと伝えられる鎌倉時代の笈《おい》（県指定重要文化財）などを所有する古寺で、正安二年（一三〇〇）、のちに京都四条道場（金蓮寺）開山となる浄阿真観が、一遍の弟子真教と接して帰依する機縁となったのが、この板鼻の地である。

山内上杉氏を支えた長野氏

さて、板鼻の海龍寺は上杉顕定が創建し（彼の寺号を海竜寺殿という）、文亀二年（一五〇二）の亡母妙皓禅尼三回忌に陞座《しんぞ》（法座にのぼって説法すること）仏事を勤めたのは、鎌倉山内の明月院主玉隠英璵であった。そして、観音懺法《さんぼう》に用いる散花《さんげ》は、啓書記といわれる建長寺の画僧祥啓《しょうけい》がつくったものであった。その法事で顕定の宿舎になったのが、依田徳昌軒の館であった（談柄）。徳昌はおそらく光幸の父か祖父であろう。依田氏は、信濃国小県《ちいさがた》郡依田を本貫とした武士である。関東管領であった山内上杉氏は、上野国守護を兼ねており、依田氏はその家人であった。

永正六年（一五〇九）、中山道の要地、光幸の館で関東管領上杉顕定が佳例としていた法楽連歌の会が催され、「菊さきてあらそふ秋の花もなし」と詠んだ宗長らの連歌を書き記した懐紙は、当時、越後国へ出陣中の顕定のもとへ届けることにした。ついで、烏川をへだてた対岸、浜川あ

長野氏の居城・箕輪城跡空撮写真　群馬県高崎市

たりの「並松別当」家で「神無月やふりにし花の春」という一句を詠み、この日、十月（神無月）一日を迎えている。

並松別当は、浜川に近い並榎の熊野社別当護国寺を指しているらしい（並松と並榎は、くずし字が似ている）。同寺の別当家は俗姓を長野といい、石上姓を名のっていた。浜川から榛名山麓にかけての地域は、中世には長野郷あるいは長野庄といわれ、山内上杉氏の領地であった。同氏は長野郷内の箕輪本郷・西柴村を鎌倉明月院に、東荒浪村を鶴岡八幡宮へ寄進している。長野氏は山内上杉氏に仕え、長野郷を名字の地としたのである。同国の武士団、上州一揆の旗本であった長野氏は、業尚《なりひさ》のころに浜川から箕輪本郷に移り、箕輪城を築いた。

武蔵国の鉢形城、常陸国の太田城とならんで関東の三古城跡に数えられている箕輪城は、規模の大きな平山城の典型である。業尚は近くの室田に菩提寺長年寺を建立した。文亀三年（一五〇三）、業尚の死後は憲業《のりなり》が家督を継ぎ、永正十年には箕輪領に隣接する「大戸の要害」攻略を祈願するため、榛名（満行）権現に祈願文を納めている。大戸要害は、先に宗長が草津への往復に立ち寄った浦野三河守の城である。

天文十四年（一五四五）、武蔵国の河越城をめぐる北条氏康との戦いに敗れた山内上杉氏は、武蔵国から撤退し、上野国平井城に移った。上野国にあって山内上杉氏を支えたのが、長尾・長野両氏である。

長野業盛の墓　群馬県高崎市

天文二十年、上杉憲政が長尾景虎（上杉謙信）を頼って平井城から越後国へ逃れたのちも、憲業の子業正《なりまさ》は西上野の旧上杉氏の家人（和田・小幡・倉賀野・安中・木部の諸氏）と連合して、甲斐国の武田氏や、南方から上野国へ進出する北条氏に対抗した。しかし、永禄九年（一五六六）、武田信玄によって箕輪城は攻め落とされた。このときの城主は業正の子業盛《なりもり》であった。

宗長が浜川の並松別当家に滞在したころは、長野業尚が死んでまもなくの時期で、当主は憲業であった。この業尚・憲業のときに、長野氏は榛名山麓の地域に支配権を確立したのである。なお、信玄によって箕輪城が落とされたとき、長野氏の菩提寺長年寺の僧受運が、寺院を守った苦心を書きとどめた記録『長年寺古書筆録』は有名である。

さて、草津の湯治を終えた宗長は、上野国をあとにして武蔵国へ向かった。その途中、烏川が鏑川と合流するあたりに、有名な「上野の三碑」がある。高崎市山名町と根小屋町の丘の上に建っている山ノ上碑と金井沢碑、それにやや上流の吉井町にある多胡碑である。山ノ上碑は天武天皇十年（六八一）、金井沢碑が神亀三年（七二六）、多胡碑は和銅四年（七一一）に建立された、いずれも奈良時代の碑である。とくに多胡碑は、栃木県の那須国造碑（七〇〇）、宮城県の多賀城碑（七六二）とともに、「日本の三古碑」といわれる。

『東路のつと』に、「上野国多胡郡弁官府碑文曰、太政官二品穂積親王、左大臣正二位石上尊」とあるので、彼が多胡碑に立ち寄ったことがうかがえる。江戸時代中ごろから三碑研究がさかんになるが、すでに室町時代にはその存在が知られていたことがわかる。宗長は碑文のあとに「布留社あり」と書いているが、布留社とは、奈良県天理市布留にある石上神宮のことである。

連歌を愛好した成田氏

永正六年（一五〇九）十月、宗長は武蔵国の「成田下総守顕泰亭」に着いた。この当時の成田の様子を、「水郷也、館のめぐり四方沼水幾重ともなく芦の霜がれ、廿余町四方へかけて水鳥おほく見えわたりたるさまなるべし」と記している。

成田氏は同国幡羅《はら》郡成田郷を名字とした武士で、保元の乱（一一五六年）に、源義朝の家人として成田太郎が参加したという、由緒ある家柄である。一族には別府・奈良・玉井氏がおり、幡羅郡内の各地に分散していた。『東路のつと』では顕泰《あきやす》としているが、顕泰はすでに文明十六年（一四八四）に死んでいるので、宗長が成田氏の館を訪れたときは、顕泰の子親泰《ちかやす》が当主であったのである。

江戸時代に編さんされた『成田記』に、顕泰から家督を譲られた親泰は、延徳元年（一四八九）、埼西郡忍保《おし》（行田市）に拠る忍氏を攻め、ここに移り、忍城を築いたとする。忍氏は、鎌倉時代からつづいた武蔵国御家人の一族で、菅原姓を名のり、一族に津戸・広田・志多見の諸氏がいる。いずれも忍保内の地名を名のり、とくに津戸氏は、為守《ためもり》が法然上人の弟子であったことで知られる。

宗長が訪れた親泰の館とは、この忍保に築いた城館である。水郷のなかに築かれた城の様子を描いた宗長の文章は、創建して二十年たったばかりの忍城の景観を物語るものとして貴重である。明応八年（一四九九）、連歌師猪苗代兼載は親泰の館で連歌会を催している。それからちょうど十年後に、宗長が親泰の館を訪れたのである。ここで千句の興行が催された。

永正七年、親泰は同国神奈川（横浜市神奈川区）の権現山合戦に出陣している。この戦いは、北条早雲と内通した上田政盛《まさもり》が、主家の扇谷上杉朝良を裏切って挙兵したものである。親泰は、朝良に加勢した関東管領上杉憲房にしたがって出陣した。成田氏とともに憲房方として加わったのは、藤田・大石・長尾の諸氏であった。若年の長尾顕方は矢野憲俊《のりとし》が、長尾景長は成田中務丞が名代を勤めている。なお、中務丞は忍城の成田氏ではなく、景長の一族である。

永正九年、長尾景長（禅香）は親泰の旧領を上野国の横瀬国経《くにつね》に与えた。関東管領山内上杉家では、永正七年に顕定が死んだのち、その遺言で家督を継いだ顕実《あきざね》と、養子であった憲房とが対立していた。顕定の執事長尾顕忠の家督を継いだ顕方は顕実にしたがい、対立する憲房の執事には、長尾景長（足利長尾氏）がなった。

山内上杉氏の内紛（顕実・憲房の対立）は、古河公方政氏・高基父子の対立を反映したものであった。成田親泰は顕実方に味方したので、憲房の執事景長によって没収された所領が、横瀬氏に与えられてしまったのである。

成田氏が連歌を愛好したことは有名である。親泰の孫氏長《うじなが》は、伊勢国から村岡玄佐父子を招いて連歌会を催し、小田原に来た連歌師兼如は忍城を訪れ、上杉顕定の子で連歌師となった竹知丸（高正）は、氏長のもとで扶持された。とくに京都の連歌の宗匠紹巴《しょうは》に師事し、その添削を乞い、『源氏物語抄』を贈られている。天正十八年の豊臣秀吉の小田原攻めに、籠城した氏長と秀吉の右筆山中長俊《ながとし》との間に書状が交されたことはよく知られている。両人ともに紹巴の弟子で、それ以前から交流があったのである。

宗長は、忍城で杉本伊豆守とも会っているが、伊豆守はどのような人物であるかよくわからない。

長享大乱の舞台となった須賀谷・平沢寺

　武蔵国の忍城に、成田親泰・杉本伊豆守を訪ねた宗長は、ふたたび同国鉢形の館に立ち寄った。城主の長尾顕方は幼い少年であり、ここでの連歌会は、顕方の家臣馬庭重直《まにわしげなお》が興行した。宗長は、少年の顕方に代わって「さえし夜をかさねてけさや薄氷」と詠んでいる。顕方の洋々たる未来を祝して、会は催されたのである。

菅谷館跡の堀　埼玉県嵐山町

　永禄四年（一五六一）に上杉謙信が関東の武士についてまとめさせた「関東幕注文」に、上野国の「惣社衆」が書き上げられている。顕方の一族は、上野国惣社城に拠ったところから惣社衆といわれ、そのなかに「高庭」氏がみえるが、『前橋市史』は、高庭は馬庭の誤りとしている。「関東幕注文」には家紋が付けられており、馬庭氏は「二両引裾濃《すそご》」で、「多比良」某と同じ家紋である。なお、多比良氏は上野国多胡郡多比良の出身である。

　惣社長尾氏の家臣には、多胡郡をはじめとした西上野出身の武士が多く、馬庭氏も西上野出身と思われる。永禄八年、西上野を制圧した武田信玄は、この地の武士から起請文を提出させているが、そのとき馬庭家重《いえしげ》も、「上州鎮守一二両社明神」にかけて、信玄への忠誠を誓っている。家重は、高山泰重《やすしげ》らとともに「高山衆」とあり、高山氏は同国高山御厨（藤岡市）を本領とした武士である。

連歌会を終え、酒宴は夜も更けるまでつづき、この日は城内の随意軒に泊まった。翌日鉢形を出発した宗長は、「須賀谷《すがや》」の小泉掃部助の「宿所」で一泊したが、ここは鉢形城とちがって人数も少なかった。須賀谷は長享の大乱（一四八八年）のとき、山内・扇谷両上杉氏が激戦をくり返した場所である。須賀谷は菅谷とも書き、鎌倉街道の主要な通過点で、鎌倉時代の初めには畠山重忠の菅谷館があった。

ついで宗長は、付近の平沢寺《へいたくじ》を訪れた。長享の大乱のとき、山内上杉方の太田資康（道灌の子）は須賀谷に滞陣していた。道灌の招きで江戸城にいた万里集九は、文明十八年に道灌が相模国糟屋で殺害されたのち、扇谷上杉定正が引き止めるのをふり切って江戸を出発、資康の陣中にたどり着いた。集九の訪れを知っていたのか、資康は部下二、三十騎を連れて「明王堂」近くでこれを迎えている。明王堂とは、不動明王をまつった平沢寺のことであろう。万里はここで一ヵ月あまりも滞在しており、この間に平沢寺の鎮守白山社で歌会を催している。

宗長は須賀谷を出て勝沼に寄った。ここは三田氏の城館があるところで、往路にも立ち寄ったが、復路での記事はとくになにも書いていない。そして江戸の館に着き、六、七日を過ごし、その間に上杉朝良（建芳）はしばしば連歌会を催している。この間に、宗長は知り合いの「賢真」という人物を介して、五年ほど前に焼失した鎌倉建長寺の塔頭天源庵の領地二ヵ所を回復している。「都鄙いまの折ふしには、まことに希有の事なり」と述べ、これによって同庵再建のめどを得た。

原胤隆の下総小弓館

六、七年前、宗長は和泉国堺から品川湊（東京都品川区）へ来ていた知人を訪れ、ここで五、六日休息している。ある夕なぎの日に海辺に出て、安房・上総・下総も目の前だという感慨をもった。ここで、ある人から「ぜひとも安房国の「きよすみ」（清澄山・日蓮上人の修行した地）を一見したら」とすすめられたが、断っている。

「江戸名所百景」に描かれた「真間の継橋」

品川から江戸へ帰り、城下の宿で一泊した。隅田川の河舟で、下総国葛西庄（東京都葛飾区）内の葦が生い茂る河内を半日ばかり往き来し、今井の津で降りて浄土宗浄興寺を訪れ、住職と連歌会を催した。この寺から望む、富士山の眺めはすばらしかったという。浄興寺は、鎌倉光明寺の開山良忠《りょうちゅう》ゆかりの寺院である。

今井（江戸川区）には、江戸時代に

「江戸名所図会」に描かれた葛西今井の津

も江戸川をへだてた対岸との間に渡し舟があったことで知られているが、中世にも渡し舟があり、これを利用して対岸の真間《まま》（市川市）に渡った。当時は宗長は、利根川の支流で太日河《ふといがわ》（現在の江戸川）と呼ばれていた川が流れており、河口に真間があった。「真間の手児奈」で知られ、真間の入り江、真間の浦、真間の磯辺などと、『万葉集』に詠まれていることで有名なところである。

その一つに、「真間の継橋」がある。継橋《つぎはし》とは字義のとおり、橋脚の上を橋板を継ぎ足して渡した橋のことで、市川市真間町の弘法寺がある台地の南裾の朱塗の橋が、その旧跡とされている。宗長は近くの「中山の法華堂の本妙寺」で一泊したが、これは現在の中山法華経寺である。鎌倉比企谷の妙本寺、池上の本門寺とともに日蓮宗の有名寺院で、この寺が法華経寺と呼ばれるようになったのは、宗長が訪れてから三十五年後のことである。

それまでは、法華寺と本妙寺の二つの寺であった。法華寺は鎌倉時代、千葉氏の執事富木《とき》常《じょう》忍《にん》が、自己の邸内にある持仏堂を寺に改めたものである。常忍の邸から一キロばかり離れたところに、太田乗明の居館があった。乗明の子日高が、邸内の持仏堂を寺に改めたのが本妙寺である。

常忍（日常）の後継者となった日高は、本妙寺と法華寺の貫首を兼帯し、それ以後、両寺兼帯がつづいた。宗長が一泊して連歌会を催したのは、本妙寺である。

連歌会の夜は嵐となったが、翌日はすばらしい晴天であった。ここで「かつしか（葛飾）の浦、春の如し」と記している。

宗長はついで、原胤隆《たねたか》の小弓《おゆみ》館前にある浜野村（千葉市）の法華堂本行寺に宿泊した。本行寺は京都妙満寺の末寺である。同寺の日遵に師事した日泰が、関東地方での教化を志し、長禄三年（一四五九）に品川の本興寺に入り、四囲に遊行した。そして文明元年（一四六九）、浜野にあった廃寺を再興したのが本行寺である。

日泰に帰依したのが酒井定隆《さだたか》で、彼は原胤隆に属し、上総国土気《とけ》に城を築いた。長享二年（一四八八）、定隆は領内では法華宗（日蓮宗）以外を許可しない旨を定めている。これが、有名な「上総の七里法華」である。

十月十四、十五日は、千葉氏が崇敬した妙見社（千葉神社、千葉市）の祭礼であった。宗長は祭礼の早馬を見物にでかけ、十六日夜には延年《えんねん》の猿楽があって、祭りは終わった。

十七日、小弓館で連歌会があった。この館は、東京湾にそそぐ村田川の河口にひろがる低地を望む標高二〇メートルほどの舌状台地にあり、宗長はその眺望を次のように記している。

南は安房、上総の山たちめぐり、西北は海はる〴〵と入て、鎌倉山横たはり、不二（富士山）の白雪半天にさしおほひてみゆ、駿河国にてみるよりは猶ほどちかげなり、遠くてみるはちかき山な

るべし

十九日にも胤隆の館で連歌会があった。会が終わったのち、延年の若き衆二十余人が来て舞い、暁近くまでつづいた。この衆は、妙見社の祭礼に出た猿楽であろう。

原氏は千葉氏の重臣であったが、山内・扇谷両上杉氏と古河公方が対立したとき、千葉氏の内紛があり、原氏は古河公方に味方した千葉孝胤《たかたね》にしたがっている。文明十年（一四七八）、太田道灌に敗れた上総国真里谷城主武田氏が上杉方となり、原氏と対立した。そこで武田信保《のぶやす》は、古河公方政氏に義絶された義明《よしあき》を奥州から迎え、原氏の小弓城を奪い、ここに迎え入れたので、小弓（生実）御所といわれた。

原胤隆に属した酒井定隆は、京都妙満寺の関東布教の中心となった鎌倉本興寺を、日泰とともに文明十三年に再建し、孫胤治《たねはる》も永禄二年（一五五九）に同寺を修造したことが棟札に見える。なお、宗長の日記には定隆の名は見えない。

扇谷上杉氏に属した会田定祐

宗長は下総国小弓に滞在中、近くの浜野村の本行寺を宿所とした。その本行寺を出発し、途中「けみ川」（検見）（千葉市）で一泊し、翌日市川（市川市）で休息した。すると向かいの里の音信のある人から迎えの馬が来て、舟渡りなどして着いたのが、善養寺である。葛西庄小岩（江戸川区）にあった同寺あたりでは、炭・薪などが少なく、葦を燃料としていた。宗長は、葦で焼いた豆腐で一献するのは、「都の柳もいかでかをよぶべからん」興のあることだと喜んでいる。

その日の暮れ、小岩の会田定祐《さだすけ》の宿所で夕食を馳走された。会田氏は信濃国の滋野氏の出身で、名族海野氏と同族であり、室町時代、足立郡の鳩谷にも滋野氏一族がいた。また、滋野姓で臼田を称した一族は、そのころ久良岐郡帷子郷（保土ヶ谷区）を所領としている。彼らは上杉氏の家人であり、上杉氏が信濃国の守護であったときに主従関係を結んだらしく、上杉氏の所領を給与されたのであろう。会田氏の家譜に、資清《すけきよ》が太田下総守に属したとある。同氏には岩槻太田氏に属した一族もあり、会田氏も上杉氏の家臣であったと考えられる。足立郡、久良岐郡も扇谷上杉氏の領分である。葛西も同氏の支配下にあり、そのため会田氏は同氏の家人として、ここに居館を構えていたと思われる。

『東路のつと』で、宗長は葛西庄を「市川、隅田川ふたつの中の大庄也、大場四方をめぐりて、おりしも雪ふりて、山路を行こゝち侍りし也」と描写している。二つの大川に囲まれ、堤防で四方をめぐらせた低地であった。会田邸でも連歌会を催し、「堤行野は冬かれの山路かな」と詠んでいる。

ふたたび江戸に戻った宗長は、ここで二、三日逗留している。十月二十八日、品川の旅宿古梅軒で軒号を詠んだ連歌をつくり、一両日休息し、川崎在の木月の里（川崎市）の諸西隼人佐の宿所で一泊、さらに鎌倉近くの斎藤光吉の宿所で眼を病み、ここで逗留した。新左衛門尉を名のった光吉の宿所は、「門まで汐干、しほみち（汐満）有」るところだから、海浜近くであったことがわかる。

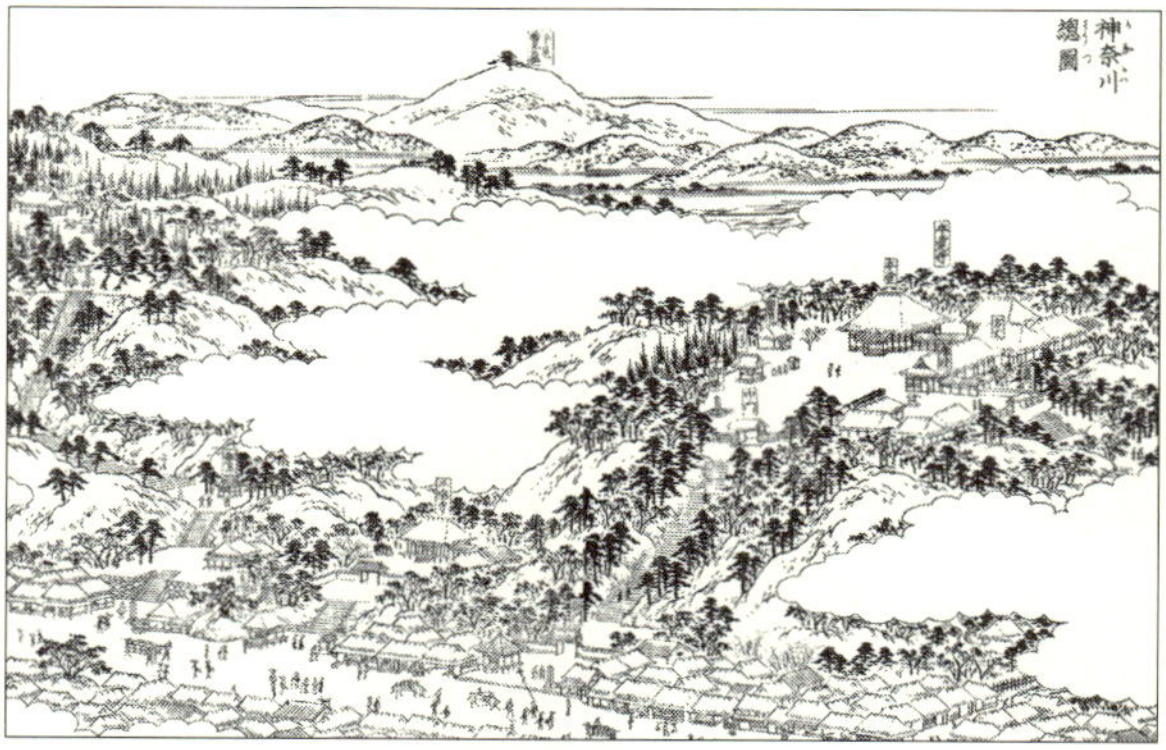

「江戸名所図会」に描かれた神奈川宿

「鎌倉ちかきあたり」という表現から考えると、大船付近（鎌倉市）でなければならないが、ここは内陸で海からは遠い。そのように考えると、品川―川崎を経て鎌倉へ入る道筋では、神奈川湊のある神奈川宿付近と思われる。戦国時代の史料にも「神奈川斎藤分」とあり、ここに斎藤氏の領地があったらしい。斎藤氏は山内上杉氏の執事長尾氏に仕えていた。

　こうして鎌倉に入った宗長は、建長寺の塔頭天源庵で同庵修理のことを打ち合わせている。先に江戸城で、上杉朝良に同庵再建のため所領二ヵ所の回復を要請し、成功したのはこのためである。天源庵に立ち寄ったのは十二月五日で、その際、扇谷の浄光明寺の子院慈恩院や山内の明月院にも参拝している。

　宗長がこれほど天源庵に肩入れしているのは、京都の大徳寺との関係からである。大徳寺開山の宗峰妙超《そうほうみょうちょう》は南浦紹明《なんぽじょうみょう》の弟子であり、師南浦の塔所が天源庵である。数年前に焼失した天源庵再建に、大徳寺がいろいろ苦心したのもこのためである。しかし、同寺の努力がなかなか実らないのを、宗長のてこ入れによって領地回復に成功したのである。南浦は宗長と同じく駿河国安倍郡の出身で、文明八年（一四七六）に上洛した宗長は、大徳寺の一休宗純に参禅した。その後も上洛するたびに、宗長は同寺の酬恩庵や真珠庵に立ち寄っている。とくに大徳寺山門の造営には、宗長も尽力した。

さらに宗長は、建長寺の永明軒を訪れ、天津橋のことも詠んでいる。江戸時代には天津橋がどこにあったか不明になっているが、応安元年（一三六八）、石室善玖が岡寺住持であったときにつくられた裏山の崖頭に架けた橋である。ここは勝景として知られており、文明十八年に万里集九も天津橋を詩に詠んでいる。

上杉朝良兄弟との交流

鎌倉に滞在中の宗長は、建長寺の永明軒で漢詩の一節をつくっている。宗長は江戸、品川から鎌倉に向かう途中、神奈川（神奈川区）の斎藤光吉の宿所に立ち寄っている。神奈川宿に隣接した子安郷は、古河公方の領地であった。江戸時代、東子安村の名主飯田家に、永明軒東永が飯田太郎左衛門尉に宛てた書状が伝えられている。内容は、御方中の足軽が東永の支配している子安へ入り、狼藉《ろうぜき》を働き、在郷の者にいわれないことをいうようだったら、早く注進し、堅く制止を加えるよう伝えている。

東永は、上杉朝昌《ともまさ》の子東永ではないかと思われる。そのころ江戸城主であった上杉朝良は朝昌の実子で、叔父定正の養子となり、扇谷上杉氏の家督を継いでいた。つまり、東永と朝良は兄弟である。東永は、建長寺の塔頭伝灯庵主普用の弟子であった。伝灯庵は中潤子雲の塔所で、永明軒は同庵内にあったのであろう。

江戸城の朝良のもとで連歌会を催した宗長は、建長寺の塔頭伝灯庵内の永明軒にいた朝良の兄弟、東永と詩歌を交わしている。『東路のつと』の最後に記された連歌会は、蘇谷仲次の興行によるものである。鎌倉内で催されたと思われるが、場所が記されていない。幸い、このときに詠んだ連歌「霜雪をうは毛か鶴か岡の松」が、宗長の自選句集『壁草』に収められていて、その詞書には「鎌倉扇ヶ谷にて侍し会に」とあるので、連歌会は鎌倉扇谷で催されたことがわかる。

このときの連歌会を興行した蘇谷仲次は、下総国八幡庄蘇谷郷（曽谷、市川市）を本領とした武士である。同庄内には、宗長も立ち寄った中山法華経寺がある。曽谷氏は郷内に安国寺を創建しており、同寺も法華経寺の末寺である。同氏は扇谷上杉氏に属しているので、このころ鎌倉に来ていたらしい。

旅の終わりとその後の宗長

宗長は、『東路のつと』の最後を、「去秋七月中旬よりおなじ十二月はじめ鎌倉までのことをかたのやうにかきしるし侍るものならし」と結んでいる。まもなく駿河国へ帰ったと思われるが、それについてはなにも書いていない。

その後、宗長は再三にわたって上洛した。連歌関係の人たちだけでなく、公家や武士にも会っている。とくに幕府の実力者、細川高国《たかくに》とは早くから交流があった。越前国には三回も下向しているが、それは一乗谷の朝倉教景《のりかげ》を訪れるためであった。なお、最近の発掘調査によって、中世の朝倉氏城下町と城館の様子がかなり明らかになってきている。教景は、越前国の戦国大名として朝倉氏の繁栄を確立した孝景《たかかげ》の子で、のち宗滴《そうてき》を号した。彼は数々の合戦経験を書いた『朝倉宗滴話記』で有名である。

永正十四年（一五一七）、武田信虎との講和のため、今川氏親の「貴命そむきがたく」、宗長は使者として甲斐国府中を訪れ、和睦交渉に成功した。このときのことを、『宇津山記』で「五十日におよび、敵味方にさまざま老心をつくし、まことにいつはりをうちまぜて、三月二日二千余人、一人も恙《つつが》もなくしりぞき」と自慢している。

このように、氏親に重用された宗長であったが、大永六年（一五二六）六月、氏親が病死した際、京都にいた宗長は駿河国へ帰国せず、ようやく一周忌が近くなってから帰国した。そのため人々の冷たい処遇を受け、享禄五年（一五三二）、不遇のうちに病没したのである。

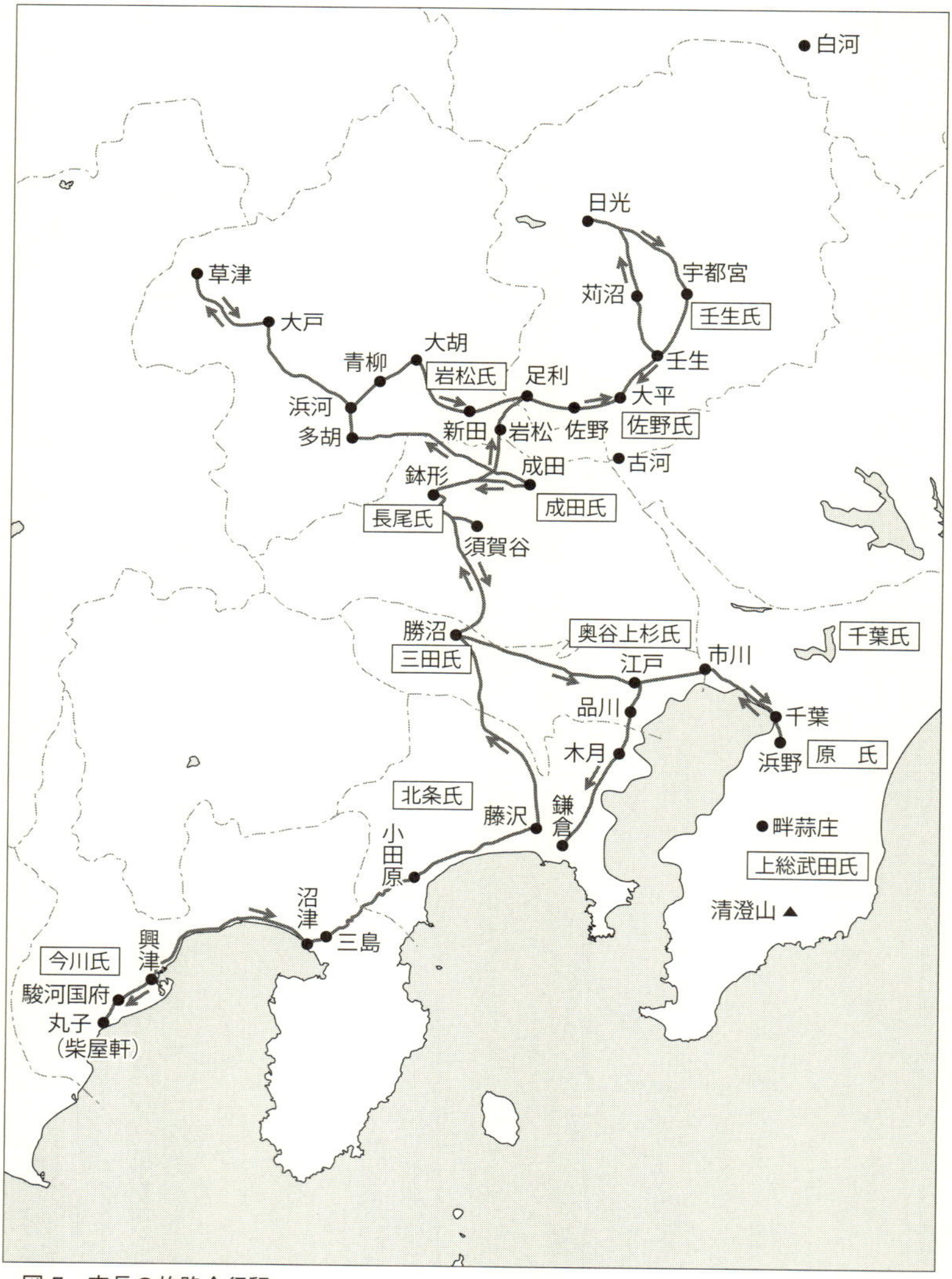
白河
日光
宇都宮
壬生氏
苅沼
壬生
草津
大戸
大胡
青柳
岩松氏
足利
大平
浜河
新田
岩松
佐野
佐野氏
多胡
古河
成田
鉢形
成田氏
長尾氏
須賀谷
勝沼
奥谷上杉氏
千葉氏
三田氏
市川
江戸
品川
千葉
浜野
原　氏
木月
北条氏
藤沢
鎌倉
畔蒜庄
小田原
上総武田氏
沼津
清澄山
興津
三島
今川氏
駿河国府
丸子
（柴屋軒）

図５　宗長の旅路全行程

第Ⅲ部　北条早雲の死

第一章　名族三浦氏を滅亡させ相模を攻略

関東管領上杉顕定の討ち死に

連歌師宗長が相模・武蔵・上野・下野の諸国を訪れ、最後に鎌倉へ入り、本国の駿河国丸子（静岡市）の紫屋軒に帰った永正六年（一五〇九）暮れのころ、関東管領上杉顕定は、先に守護代長尾為景に殺された弟の越後守護上杉房能の弔い合戦のため、越後国で養子憲房とともに為景と戦っていた。はじめ顕定の大軍によって為景方は蹴散らされ、春日山城を死守できず、新守護上杉定実とともに、為景は西浜（糸魚川市）から越中国へ落ちて行った。

ほぼ越後国の三分の二を制圧した顕定・憲房は、為景に味方して弟房能を討った者を探し出し、峻厳な態度で国侍にのぞんだ。『北越軍談』には、「国府の城に在馬し、制法を強く立、今度長尾家に力を合せし輩を捜し索《もと》め、或るいは所帯を収公《（没収）》し、或るいは禁獄、死刑に宛つ」とある。このため、国中の侍たちは身をかくし、妻子を連れて山奥に逃れ、他国に亡命するなど、恐怖政治のもとに置かれたのである。

顕定が、とくに房能殺しの張本人として、どうしても生け捕りにして首を切り、獄門にかけようと追求したのが高梨政盛《まさもり》である。政盛は、同国高梨（小千谷市）から出た武士であるという。

信濃源氏井上氏の庶流で、この一族は小千谷市付近から山間部を流れる信濃川流域に繁延した。そのころ高梨氏は、越後国と接する信濃国水内《みのち》郡を領地としていた。為景は政盛の外孫で、政盛は刈羽郡椎谷城に拠って顕定方と対陣した。一方、越中国へ逃れた為景は佐渡国へ移り、そこから蒲原津（新潟市）へ上陸し、寺泊へ進み、椎谷の政盛軍と合流した。

永正七年六月十日、上杉憲房は椎谷城を攻めたが敗れ、妻有庄（十日町市）へ退いた。三国峠を越えて、上野国へと通じる関東街道をひた走りに敗走する顕定は、追撃する為景の軍勢と二十日に長森原（南魚沼市）で合戦、高梨政盛に討ち取られてしまった。憲房も、妻有庄からようやく上野国白井城へと逃げ帰った。

憲房を迎えたのは、武蔵国神奈川の権現山での上田政盛の蜂起である。政盛は扇谷上杉朝良の重臣であったが、主家に叛して北条早雲に内応した。早雲は上野国の長尾景春、越後国の長尾為景と結び、上杉氏の打倒を図ったのである。七月十一日、権現山で挙兵した上田氏を、主人の朝良が大将となって攻めた。当時白井城にいた憲房は、朝良の加勢として、成田親泰・渋江・藤田・大石・長尾の諸氏を派遣し、ついに十九日にこれを攻め落とした。

八月三日、憲房は京都の青蓮院門跡上乗院公済《こうさい》に宛て、顕定の討ち死にを知らせるとともに、為景追討の御教書を下されるよう、幕府への取りなしを依頼した。そのなかで、為景について「下郎の身で二代の主人（房能、顕定）を亡ぼすとは、天下に比べものもない」と、怒りをあらわにしている。

関東管領上杉房顕が若くして討ち死にしたのち、越後国守護上杉房定の長子であった顕定は、

管領塚　新潟県十日町市

山内上杉氏の執事長尾景信らによって関東管領に迎えられた。ときに十四歳。文明十年（一四七八）には古河公方成氏と和睦し、同十四年、父房定の仲介によって、幕府と成氏の和睦も成立した。ところが、同十八年の太田道灌の死とともに、山内・扇谷両上杉氏の争い（長享の大乱）がおこり、永正元年の武蔵国立河原での合戦後、両上杉氏は和睦した。その後、同四年、弟の越後国守護房能の殺害によって、顕定は長尾為景、北条早雲、長尾景春ら反上杉方と戦うことになり、ついに越後国に出陣中、五十七歳で戦死したのである。

『扶桑名画伝』に、顕定は「好て図画をよくし、文殊、普賢の二大士また柳等を絵がきしことあり」とある。文芸にも、一応のたしなみを持っていたことがうかがわれる。

山内上杉氏の菩提寺明月院

上杉顕定が討ち取られた越後国魚沼郡長森原は、現在はほとんど開発されて水田となったが、かつては一面の広野であちこちに盛り土があり、そこを耕すと白骨が出た。そのなかでとくに大きな塚は「管領塚」と呼ばれ、近年掘りくずしたところ、なかから人骨と武具・馬具・馬骨等が出土した。馬や鎧とともに埋葬されたのは、上杉顕定ではないかといわれている。

山内上杉氏は、鎌倉山内（北鎌倉）に居館を構えた。その居館につづく谷戸に、同氏の菩提寺明月院があり、可諄（顕定）からの書状を所蔵している。内容は、顕定が明月院主に「斎銘」を依頼したのに対し、院主が揮毫したことを喜んだものである。当時の院主は、文筆僧として知られる玉隠英璵と思われる。その玉隠が導師となって、可諄の亡母妙皓禅尼の法事が営まれた。

文亀二年（一五〇二）の三回忌、永正三年（一五〇六）の七回忌の法事はいずれも、上野国八幡庄内の板鼻にある海龍寺で行われた。このことは、可諄の本拠地がすでに上野国に移っていたことを示す。八幡庄は、南北朝時代から山内上杉氏の家領で、顕定はこの庄内板鼻に海龍寺を創建し、亡母の法事を営んだのである。永正七年、越後国で討ち死にした顕定の法名は、海龍寺殿可諄皓峰という。なお、海龍寺は現在廃寺となっている。

このころ顕定は、上野国に平井城を築いた。そして武蔵国の鉢形城には執事長尾氏を置き、北武蔵を支配させた。一方、扇谷上杉氏は相模国大庭・七沢城、武蔵国江戸・河越・岩付城を守り、相模国と南武蔵を支配した。扇谷上杉氏の当主朝良は、鎌倉扇谷の菩提寺建徳寺で、明応八年（一四九九）に玉隠を導師として祖父持朝の三十三回忌を営んでいる。ここからは、山内上杉氏はすでに鎌倉から本拠を移し、扇谷上杉氏はいまだ鎌倉を支配していたとみることができる。

なお、顕定とともに越後国へ出陣した養子憲房は、上野国へ敗走し、白井城に入った。その憲房の書状も明月院にある。内容は、きたる三月二十九日が文明の三十三回忌に当たるので、その焼香を明月院の院主に請うたものである。文明は憲房の実父周清《しゅうせい》の法号である。周清は関東管領上杉憲実の子で、憲実は子房顕《ふさあき》のほかはすべて僧籍に入れ、俗人になることを許さなかった。そこで、周清は僧侶として京都大徳寺に入ったのである。

周清の没年が明らかでないので、三十三回忌がいつのことかはっきりしないが、おそらく永正年間のことであろう。以後、明月院には上杉氏関係の文書はない。

ここで、鎌倉市内に伝来する上杉顕定の書状を一通紹介しておきたい。それは、浄土宗の光明寺（材木座）に伝えられたものである。

相州光明寺領南金井のこと、下地を相抱えられ、寺納においては、無沙汰あるべからず候、恐々謹言

十一月九日　　藤原顕定（花押）

謹上　土肥中務少輔殿

『鎌倉市史』、『神奈川県史』とも、光明寺領であった南金井を、鎌倉郡の金井村（横浜市戸塚区）ではないかとしている。これはおそらく、光明寺を鎌倉光明寺と考えているからと思われる。しかし、この文書はもともと鎌倉光明寺にあったものではない。寛政九年（一七九七）、大阪の大福寺前住職了吟が鎌倉光明寺に納めたものであることが、書状に添えられた奉納状によってわかるのである。それによれば、この書状は宛て先の土肥氏の子孫の家に伝えられていたのを譲られ

たものであった。土肥中務少輔は、大永・天文のころ、南金井の地頭であったという。古河公方の家臣に土肥中務大輔がおり、宛て先の土肥中務少輔はおそらく、この一族と思われる。土肥中務少輔は寛正三年（一四六二）のころ、相模国中豊田郷（平塚市）を領有していた。南金井は、豊田郷に近い南金目（平塚市）のことであろう。そして、光明寺とは金目観音として知られる光明寺と考えて誤りない。土肥氏はその光明寺領南金目の下地（現地）を支配し、顕定から怠りなく年貢を光明寺へ納入するよう命ぜられたのである。なお、顕定は執事長尾氏に命じ、玉隠に金沢文庫の典籍を調査させている。

武蔵神奈川の権現山合戦

長森原で養父上杉顕定を討ち取られた憲房は、からがらの体で三国峠を越え、上野国白井城へ逃れた。その際、憲房に伝えられたのが、武蔵国神奈川の権現山砦で上田政盛が蜂起したという知らせである。政盛は扇谷上杉氏の重臣であるにもかかわらず、長尾為景と内応し、越後国へ出陣した顕定・憲房の背後をおびやかした長尾景春、北条早雲とも内通していた。

そのため、上田氏の主家である上杉朝良が大将となって、権現山砦を攻めた。憲房が上野国白井城にあって、朝良の加勢として成田、渋江、藤田、大石、長尾など、武蔵国の上杉勢を派遣している。この攻撃によって、七月十九日に権現山砦は陥落した。八月三日、憲房は顕定の討ち死にと権現山砦の事件を京都の青蓮院門跡上乗院公済に知らせ、二代の主人（房能・顕定）を亡ぼ

「江戸名所図会」に描かれた権現山砦合戦

した長尾為景追討の御教書を賜るよう、幕府への取りなしを依頼したことはすでに紹介した。

このとき京都への使者となったのが、当時白井城にあって、越後国へ出陣中の憲房から留守居番を命ぜられた大森顕隆《あきたか》である。扇谷上杉方であった大森氏は、小田原落城ののち山内上杉氏にしたがった。顕隆も顕定から顕の一字を与えられたのであろう。

ところで、上田氏はなぜ神奈川の権現山砦で蜂起したのであろうか。それは、ここが上田氏の本拠地であったからである。そのことを裏づける史料が、東京都大田区史編さんの過程で発見された。日蓮自筆の曼荼羅《まんだら》（『南無妙法蓮華経』という題目が書かれている）を、上田上野入道宗詮が日純に寄進したことを書きとめた裏書きに、日現は「日純様が神奈川の城に出向いて教えを説いたときに寄進した」と記している。

鎌倉比企谷の妙本寺過去帳によって、宗詮は永正十七年に没したことがわかる。宗詮に説教した日純は、妙本寺と大田区池上の本門寺住持を兼務し、その第九世となったのは文亀元年（一五〇二）のことである。よって宗詮から曼荼羅を日純に寄進したのは、文亀元年から永正十七年の間となる。そのころ上田宗詮は神奈川城におり、永正七年に上田政盛が蜂起したという神奈川の権現山砦とは、宗詮がいた神奈川城を指すのであろう。

宗詮に説教したという日純は、上杉憲定《のりさだ》（朗俊）の子であった。憲定の父憲秋《のりあき》は氏憲（禅秀）の子で、応永二十四年（一四一七）に父禅秀が討ち死にしたとき関東を逃れて上洛し、結城合戦で京勢として再び関東へ下向した。そして、康正元年（一四五五）、足利成氏との武蔵国府中での戦いに敗れ、池上で討ち死にした。池上は本門寺があるところであるが、ここは憲秋の所領であった。

そのころ、伊勢神宮の神主荒木田《あらきだ》氏経《うじつね》が書き止めた同宮神領の注文に、成氏が結城成朝《しげとも》に与えた同宮領相模国大庭御厨（藤沢・茅ヶ崎両市）を、上杉伊予守が押領しているとある。この伊予守とは、憲秋とともに関東へ下向した弟教朝《のりとも》である。教朝は当時、伊豆国堀越へ下向してきた堀越公方足利政知の執事となっていた。ところが寛正二年（一四六一）、教朝は伊豆国で自殺してしまった。そのころのことであろうと思われるが、憲秋は宝積寺領武蔵国駒岡村（横浜市鶴見区）を押領して訴えられている。憲秋一族の領地であったものを、かつて建長寺の塔頭同契庵に寄進した土地である。憲秋一族（犬懸上杉氏）は、同庵を塔所とした象外禅鑑に帰依していた。

憲秋の子憲定（朗俊）は、永正二年に死んだ。そして朗俊の子日純は、池上本門寺の貫主になったのである。神奈川城に拠った上田宗詮は、俗名を正忠（政忠）といった。正忠は桐谷宝積寺領太田郷のことで訴えを受けている。この太田郷は久良岐郡内（横浜市南区）に所在し、このことは上田氏が神奈川や太田郷のある久良岐郡一帯を支配していたことを示している。なお、政盛は宗詮の一族である。

早雲が拠った相模高麗寺山城と住吉古城

上田氏は、神奈川城に拠って久良岐郡を支配していた。神奈川郷は南北朝時代から山内上杉氏の家領であり、品川（東京都品川区）、六浦（横浜市金沢区）の両湊とともに、東京湾の主要な湊である神奈川湊があった。

文明年間、山内上杉氏の執事長尾忠景（皎忠）の子顕忠は、「神奈川上様」といわれているので、神奈川に住んでいたと思われる。そして奥山宗麟に神奈川を、成田三河入道に小机《こづくえ》（港北・緑区）を代官支配させたらしい。その神奈川を扇谷上杉氏の被官上田氏が支配するようになったのは、文明十八年（一四八六）の太田道灌の死を契機に、山内・扇谷両上杉氏が争うようになってからであろう。

越後守護代長尾為景や小田原城の北条早雲に内応して蜂起した上田政盛は、両上杉氏の攻撃に敗れた。一方、為景と長尾景春はこの年の秋、越後国から逃げた上杉憲房が籠もる上野国白井城を攻めて奪い、景春は還住することができた。

明応四年（一四九五）に小田原城を攻略し、相模国西郡（足柄上・下両郡）を制圧した北条早雲は、上田氏の反乱に呼応して、「小田原には子息新九郎（氏綱）をとゞめ、吾身は松田・大道寺以下の軍勢を引率して、高麗寺山并住吉の故城を取立栖篭る」とある。早雲が取り立てたという高麗寺山城とは、いうまでもなく大磯町の、高麗神社がある高麗山（千畳敷山の湘南平から東側につづいている）に築かれた山城である。ここは、すぐ下に花水川が流れ、相模平野を一望できる要害の地である。

そして住吉の城は、従来、三浦半島の逗子市内にあった住吉城と混同して理解されていたが、旧旭村の沢野永太郎氏が「高麗寺城蹟並に住吉要害考」のなかで、現在の平塚市上山下にある山下長者屋敷跡であることを明らかにした。『新編相模国風土記稿』には、陶綾郡山下村に住吉社があり、その付近を流れる川を住吉川といったことが書かれている。住吉社は明治維新後、山下長者屋敷のそばにある八幡神社に合祀されたが、元社地をいまでも住吉という。同長者屋敷の守護神ではなかったかという。

早雲と上杉朝良の和睦

このように、早雲はすでに現在の二宮、大磯両町域にも進出してきていた。それについて、旧大住郡寺山村（秦野市）の旧家庄右衛門家に、興味深い文書が三点伝来している。内容は以下のとおりである。

①十二月十日、上杉朝良（建芳）が武源五郎に宛てて、昨日九日に鴨沢要害で父和泉守が討ち死にした。ついで陸奥入道（三浦義同・道寸）から感状が与えられるであろうことを述べた感状。

②同日、三浦道寸が武源五郎に宛て、昨日九日、上中村で父和泉守が討ち死にし、忠節を賞した感状。

③十二月二十三日、足利政氏が三浦義意に宛てて、上杉朝良（建芳）が去る九日、中村要害で凶徒と合戦して勝利し、主な者数人を討ち捕らえたことを祝し、父道寸が味方したことを賞して、家人の武和泉守が討ち死にしたことを慰めた感状。

これは、十二月九日、上杉朝良と三浦道寸・義意父子が、上中村の鴨沢要害で敵と戦って勝利したときのものである。この合戦で武和泉守は討ち死にした。従来、上杉氏が鴨沢要害を守っていたと理解されてきたが、『神奈川県史』は上杉方が鴨沢要害を攻めたとする。

文書を所蔵する旧家庄右衛門家は、武和泉守の子孫で、父和泉守討ち死にののち、子源五郎は寺山村に土着し、村民となったと家伝にある。鴨沢は中井町鴨沢で、ここは古く上中村郷に属した。現在、鴨沢に城山という地名が残っており、そこが鴨沢要害があった場所と推定されている。

さて、上杉・三浦勢が鴨沢要害を攻めたのは、いつのことであろうか。それは、権現山合戦があった永正七年（一五一〇）といわれる。権現山の砦を落とした大将朝良は、三浦道寸父子とともに、北条早雲方が守る鴨沢要害を攻めた。つまり北条氏は、高麗寺山、住吉古城（大磯町・平塚市）のあたりから上中村郷内まで進出してきていたのである。

この敗戦の結果であろうか、早雲は上杉朝良と和睦している。これは、永正八年と推定される、今川氏親の家臣福島範為《くしまのりため》が京都の柴屋相阿に宛てた書状に、「関東の事、河越（上杉朝良）と早雲が和談」したとあることからはっきりわかる。早雲が和睦したのは、権現山合戦で上田氏が敗北したこともあり、勢いにのった上杉朝良が鴨沢城を攻めて勝利したことが原因かと思われるが、一方の朝良の側でも、和談せざるをえない事情があった。

それは、古河公方家と山内上杉家とにそれぞれ内紛が生じていたことである。つまり足利政氏・高氏（高基）父子、上杉顕実・憲房兄弟がそれぞれ対立し、朝良（建芳）はその調停に腐心しており、そのことを示す建芳書状が、藤沢市の堀内国夫家に伝来している。

両君の御間《（足利政氏・高基）》の儀、御無為を歎き奉り候ところ、結句日を追って増進の様に候、顕実と憲房の間の事も、是又色々様々に教訓せしめ候といえども、事として成らず、剰さえ鉢形は三日と抱えられず、落居して言説も及ばず候、只今は一身を極む様に候、よろず耄昧までに候、この旨、尊意をえせしめ給うべく候、恐惶敬白

六月十九日　　建芳（花押）

右の建芳書状は、宛て先の部分が失われているが、渡辺世祐氏は簗田成助であろうとしている。渡辺氏は、政氏・高基父子が対立した背景に、北条早雲があったとする。

そして対立は、山内上杉家に及んだ。すなわち、政氏＝顕実×高基＝憲房という構図である。顕実は政氏の弟であったが、関東管領上杉顕定の養子となって家督を継いだ。憲房も顕定の養子であったので、山内上杉氏の家督をめぐって争うことになったのである。建芳書状にあるように、憲房は顕実が拠った武蔵国鉢形城を、永正九年六月に攻め取った。そのため、顕実は兄政氏がい

る下総国古河城へ逃れている。

そのころ、憲房は上野国白井城にいたというが、先年（永正七年）、長尾為景と長尾景春に攻められて白井城を奪われているから、勝守すみ氏はむしろ同国平井城にいたと指摘している。あるいは憲房は、ふたたび白井城に戻ることができたのかとも考えられる。その事情を示すかと思われる史料が、『上杉家文書』にある。それは、越後国守護となった上杉定実が、政治顧問としていた桃渓斎宗弘に宛てた書状である。そのなかに、

長尾伊玄《（景春）》はいまに駿河国にわたられ候の由に候、早雲の 刷《あつかい》 も前々に相変り候の由、藤沢より帰路の時衆が申し候の由、厳阿が物語り候、返す返す伊玄の事、御心元なく候

とある。藤沢道場（遊行寺）から越後国へ帰る時衆の僧が、伊玄（景春）は駿河国にいるという情報を厳阿に伝えていた。白井城にいるはずの景春は、駿河国にいるというのである。

相模岡崎城の合戦

景春の一族は、白井長尾氏といわれたように、彼の子孫はその後も白井城に拠っている。景春は父景信が山内上杉氏の執事であったので、当然その地位を相続できるものと思っていたところ、当主上杉顕定は景信の弟忠景を執事に取り立ててしまった。そのためそれ以後、景春は山内上杉氏に敵対し、永正十一年（一五一四）に死ぬまで、山内上杉氏から和談の申し出があっても、「一生承引」しなかったという。

永正七年から九年ごろの、景春の行動はめまぐるしい。北条早雲に一味して津久井山（津久井郡）に籠もるかと思うと、上野国へ移って白井城を攻め取り、『妙法寺記』によれば、甲斐国都留郡を通って武蔵国へ出陣したとある。また、永正九年には越後国の時衆が藤沢道場からの帰りがけの情報として、景春は駿河国にいるらしいという。

こうした古河公方、関東管領家の内紛によって関東の諸将が動揺しつつあるなかで、早雲は突然、相模国西郡から進撃を開始した。永正九年八月、中郡の岡崎城を攻略した早雲は早くも鎌倉を制圧し、三浦道寸（義同）は三浦郡へと逃げ入った。『北条記』には、「永正九年八月十三日、伊豆・相模の勢を催し、岡崎へ押寄たり。（中略）三浦介（道寸）は城の搦手より落て、同国住吉の城にぞ籠ける。住吉をも落されて、三浦の城へ引籠」とある。鶴岡八幡宮の社僧快元《かいげん》の日記『快元僧都記』にも、この事実を裏づける「永正九年八月十三日より、早雲寺（北条早雲）が鎌倉へ初めて打ち入り、和歌をここに詠まれた」という記事がある。

早雲・氏綱父子が、伊豆国の伊東氏に与えた次の感状は、このときの岡崎城攻めに関するものである。

八月十二日の卯の剋（時）に、岡崎台の合戦における忠節は比類なし、後日において褒美せしむべきものなり、仍って件のごとし、

八月十二日　（早雲）（花押）
（氏綱）（花押）

伊東どのへ

岡崎城をめぐる合戦については、もう一通、次の感状が旧大住郡寺山村の旧家庄右衛門家に伝えられていた（相州文書）。

伊勢新九郎《早雲》入道が動くについて、岡崎に在城いたし、走り廻るの条、神妙に候、謹言、

八月九日　（花押）

武左京亮殿

武左京亮は、三浦道寸の家人で、上中村の鴨沢要害の合戦で討ち死にした武和泉守の子と思われる。早雲は八月九日に行動を開始し、三浦の家人武氏は岡崎城で守備に当たっていた。

大庭城の制圧と玉縄城築城

永正九年（一五一二）八月九日ごろから行動を開始した北条早雲・氏綱父子は、十二日には岡崎城を攻略し、十三日には鎌倉を制圧している。岡崎城主三浦道寸は城を捨てて住吉城に逃げ入った。このとき大庭城も落とされ、翌十年正月二十九日には藤沢道場が全焼した。これは、上杉・三浦方と早雲の軍勢との戦いによるものといわれている。

北条方の相模国制圧が速やかであったことは、相模原市内にある当麻道場（無量光寺）へ早雲が禁制を下したのが八月十九日であるから、十三日に鎌倉に入ってから一週間ほどのうちに、武蔵国に接する津久井郡あたりまで進出していたのである。さらに武蔵国久良岐郡へも進み、本牧

四箇村へ禁制を下したのが十二月六日、そして道寸が籠もった三浦郡内でも、翌十年四月、三崎の要害（三浦市）で江の島の僧智宗が戦っている。おそらく相手方は、北条氏の軍勢であろう。九月には、太田道灌の子資康が早雲の兵と横須賀あたりで戦い、討ち死にした。資康の妻は、道寸の娘であった。

明応八年（一四九九）ごろに大庭城を守っていたのは、上杉定正の弟朝昌であった。孫の朝興は「大庭又五郎」といわれるので、おそらく幼少のころ、父朝寧とともに大庭城に居住していたと思われる。『上杉系図』には、朝昌が「相州七沢居住」とあり、孫憲勝《のりかつ》は「七沢七郎」と見えるので、扇谷上杉氏の嫡流、定正・朝良父子が江戸・河越両城を守ったのに対し、朝昌一族は相模国内の扇谷上杉氏の城郭、七沢城（厚木市）や大庭城を守備したのではなかろうか。早雲が大庭城を攻めたとき、この城を守っていたのはおそらく上杉朝興であろう。

大庭城跡　神奈川県藤沢市

こうして、相模国内の拠点岡崎城、大庭城を失った扇谷上杉氏は、武蔵国の江戸城や河越城へと防御線を後退していった。そ

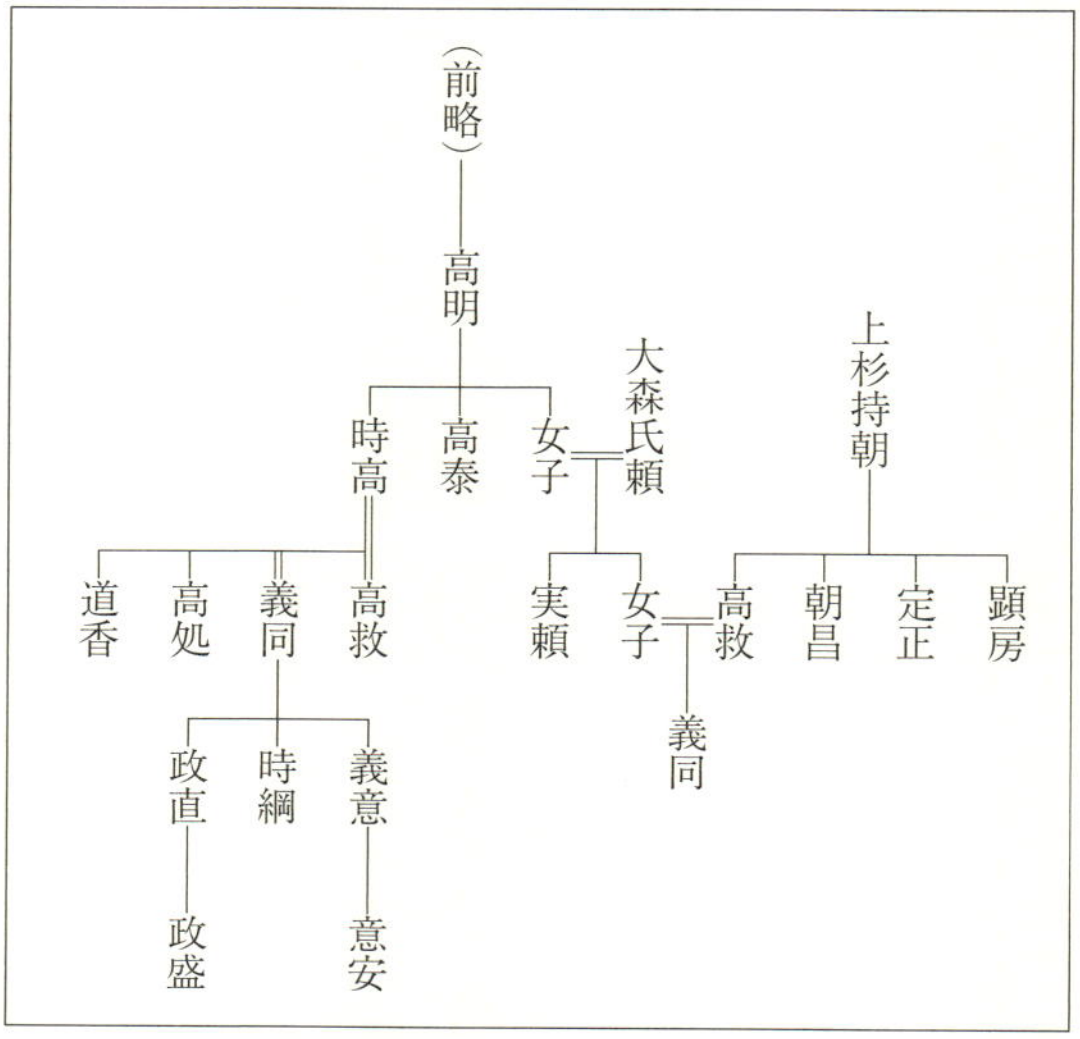

系図５　三浦氏関係系図

して、本領に逃げ込んだ三浦氏は、わずかに三浦半島を確保するにすぎず、三浦半島でも各所で北条勢との合戦が行われている始末であった。

三浦氏に備えて、早雲は玉縄城を築いたとされている。ＪＲ大船駅の北側にあった玉縄城（現在は清泉女学院の校地となっている）は、その後天正十八年（一五九〇）に城主北条氏《うじ》勝《かつ》が豊臣秀吉に降伏するまで、約八十年にわたって北条氏の重要な支城となった。

北条氏が鎌倉付近を制圧したのち、玉縄城下の粟船（鎌倉市大船）や長尾（横浜市戸塚区）を知行したのは、上田氏であった。大船の旧家甘糟氏は、上田氏の小代官であったという。甘糟清忠《きよただ》は文明九年（一四七七）、子清長《きよなが》は永正二年にそれぞれ死んでいる。甘糟氏が属した粟船の領主上田氏は、相模国守護上杉氏のもとで守護代の地位にあり、その居館は「鎌倉に近きところ」にあった。粟船は鎌倉への入り口にあたるので、上田氏は北条氏が鎌倉へ入ってくる前から、このあたりを支配していたのではなかろうか。

扇谷上杉朝良の重臣上田蔵人入道は早雲と内通し、主人の朝良を裏切って永正七年に神奈川の権現山砦で蜂起し、朝良らの攻撃を受けて敗れたことはすでに述べた。そのころ、山内上杉氏の執事長尾顕忠・顕方父子は長尾郷を領地にしており、永正九年にこのあたりを制圧した北条早雲は、上田氏の旧領粟船を安堵し、隣接する長尾氏の領地長尾郷を、扇谷上杉氏を裏切った上田氏に与えたのである。

相模当麻宿に下した禁制

長尾郷の隣り、富塚郷（横浜市戸塚区）も長尾氏の領地であったが、同氏は鎌倉円覚寺の塔頭雲頂庵に同郷を寄付した。富塚郷から同庵への年貢納入を請け負った沢辺氏は、太田資家《すけいえ》（道灌の養子）の妻が仲介して、富塚郷の郷長になった。この年貢請け負いのあっせんをしたのは、金井□郎左衛門尉であった。沢辺・金井両氏とも早雲に仕え、江戸時代には沢辺氏は戸塚宿の、金井氏は藤沢宿大久保町の名主になっている。江戸時代、金井氏は遊行寺の有力な壇家であった。

金井氏と同じく藤沢宿の役人を勤めた森氏は、初代の正元《まさもと》が永享の乱（一四三八年）で、鎌倉公方持氏とともに討ち死にした家柄である。早雲がこのあたりを支配したとき、徳阿弥という者に藤沢客寮の「触口役」を仰せつけた。徳阿弥が死ぬと、その子が幼かったので、森家五代目の円阿弥（木工之助）に触口役が仰せつけられている。

永正十五年（一五一八）、伊勢神宮の御師久保倉《（窪倉）》藤三が、相模・武蔵両国をはじめとした坂東の道者（信者）のもとを回ったときの「道者日記」に、藤沢の円阿弥・徳阿弥の名が見える。さらに藤沢、鵠沼、大庭の住人として、「は山」をはじめ、宮崎・小菅・中里の諸氏が記されている。このうち中里氏は、森・金井両氏とともに古くからの宿役人であった。

さらに、「道者日記」に神奈川の道者として「はやまたくみ《端山内匠》殿」とある人物は、大永元年（一五二一）に横浜市南区の古刹弘明寺《ぐみょうじ》に扁額を奉納した、「板旦那神奈住人　端山内匠助国重」であろう。江戸時代、藤沢・保土ヶ谷宿とともに神奈川にも宿が置かれていた。

永正九年八月十九日、北条早雲が禁制を下した当麻山（無量光寺）が所在する当麻は、相模国から武蔵・上野へ通じる中世の街道が通過する、当麻宿の所在地である。この当麻宿で問屋を許可されていた関山隼人は、この間の合戦について、次のように述べている。

> 早雲寺殿様《北条早雲》が相模国へ御打入りの刻《時》から、山角対馬入道殿を御奏者（取り次ぎ人）として、御大途様《北条氏》の被官になった。三田・大石両氏は味方をせず、当麻はその境目で、夜討ち・強盗のため路次が不自由なときから、私の祖父関山通高には、関東中への御計策の御飛脚や御送迎を仰せつけられたので、昼夜となく走り廻りました。

三田氏は武蔵国勝沼領の領主、大石氏は同国由井領（八王子市）の領主で、いずれも山内上杉氏に属しており、両氏はそのころ早雲と敵対していた。当麻は、上杉方であった三田・大石氏が支配する地域との境目にあり、当麻宿の問屋を仰せつけられた関山氏は、山角対馬入道を仲介にして早雲の被官になったというのである。

永正九年に早雲が当麻山へ下した禁制は、軍勢の乱妨を禁じたものであった。年代は明らかでないが、同寺には道興という者の書状が伝えられている。内容は、無量光寺から新年の祝儀として「芳茗《ほうめい》」（香りのよい茶）を贈ったことに対する礼状である。その書状に、くわしくは「宍倉」が申し述べるとあるのは、同日づけで同内容の長雄書状がそれにあたり、ここから長雄＝宍倉氏となる。従来、道興がどのような人物であるか不明であったが、『神奈川県史』は上杉朝興に比定している。大庭城を守った朝興は、法名を道興といい、彼が出家して道興を名のったのは、大永四年以後のことである。当麻山無量光寺は、そのころにおいても扇谷上杉氏の朝興（道興）に新年の祝儀を送る関係にあったことを、この書状は示している。

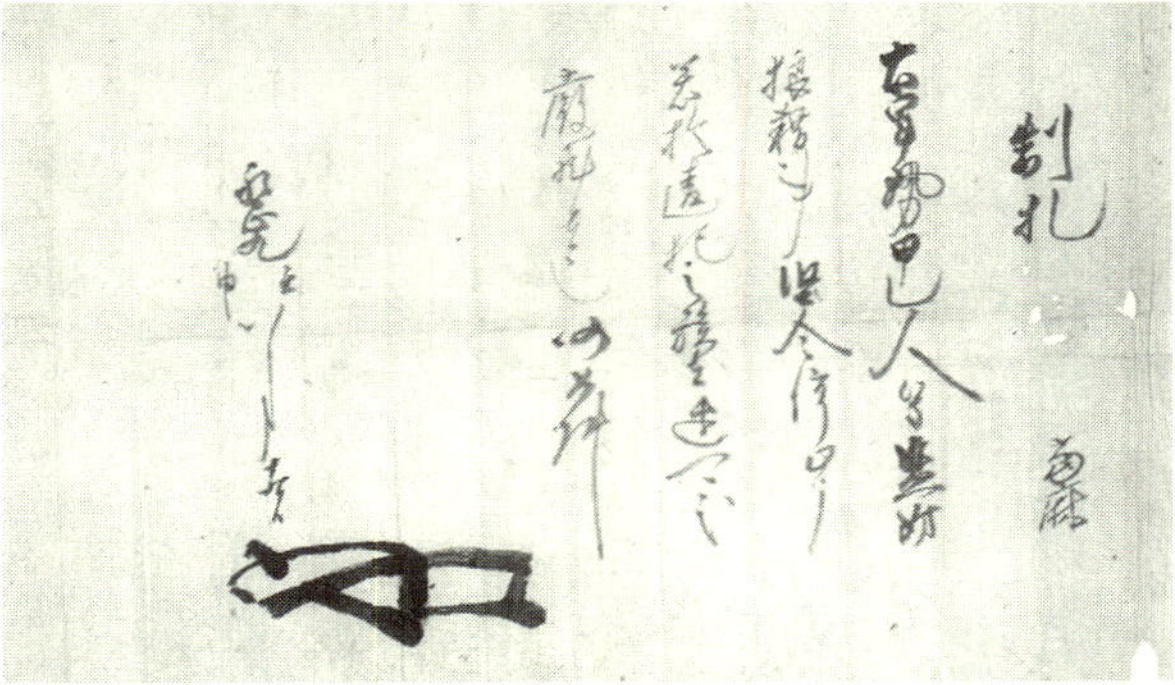

永正９年８月19日付け北条早雲禁制　神奈川県相模原市・無量光寺蔵　相模原市立博物館常設展示図録より転載

主家山内上杉氏を裏切った平子氏

永正九年（一五一二）十二月六日、北条早雲・氏綱父子は武蔵国の南端、久良岐郡の本目四箇村（横浜市中区）に制札を下している。

本目四ヶ村制札

一、当方の家来者が諸事を若し申す者があればこの制札を見せ、それでも横合のことを申す者は此方へ同道せよ
一、諸奉公の事は直ちに申し合せよ、かりそめにも他所から申す者には、その使者を此方へ同道せよ
仍って件のごとし
永正九年十二月六日　　宗瑞
氏綱
平子牛法師丸殿

宗瑞と署名したのは早雲のことで、宛て先の平子《たいらこ》牛法師丸は、朝政《ともまさ》の孫房長《ふさなが》の幼名である。長享の乱（一四八七年）のとき、上杉顕定を応援した越後国守護上杉房定にしたがい、祖父朝政は相模国七沢城に扇谷上杉朝昌を攻めた。房定のあと、同国守護となった房能が永正四年、長尾為景に殺されたとき、朝政はともに討ち死にしてしまった。同六年、顕定が弟房能の敵為景を討伐するため越後国へ出陣したとき、朝政の孫牛法師丸は顕定に属し、小千谷市内にあった箄生《ひう》城に拠って為景の軍勢と戦っている。ところが翌七年六月、顕定は敗死してしまった。八月二十八日、古河公方政氏は顕定の非業の死に対し、その欝憤《うっぷん》を晴らすよう牛法師丸に命じている。ところが翌八年、牛法師丸の家臣堀内図書が討たれ、平子氏は為景に忠誠を誓うことになった。

このように、越後国にあって同国守護にしたがった平子氏に対し、早雲・氏綱父子はなぜこの

ような制札を下したのであろうか。実は本目（牧）四箇村は、鎌倉時代から平子氏の本領であり、本牧・石河・禅馬・根岸の各村は平子郷内であった。平子氏は、同郷を名字の地とした三浦氏の一族である。文明五年（一四七三）、禅馬・根岸両村を真照寺に寄進した円鎮は、平子師道（道久）の子で、両村は師道が「譜代知行」してきたが、亡父師道と「簾綱・簾提」の菩提を弔うために両村を寄進したのである。越後平子氏系図によれば、簾綱・簾提は同氏の嫡流、政重《まさしげ》とその養子定義《さだよし》で、政重の実子が朝政であった。

文正元年（一四六六）と文明八年に宝生寺へ寺領を寄進した堀政家・河内兼吉は、平子氏の被官である。宝生寺は石河村堀の内にある真言宗の古刹で、円鎮は同寺の住持であった。文明十年、石河談議所といわれた宝生寺に、太田道灌は軍勢の乱妨を禁じた禁制をかかげている。このとき、宝生寺は陣中の祈祷を行い、道灌から礼状をもらっている。宝生寺は、真言宗仁和寺の法脈を継ぐ覚尊が、応永二十一年（一四一四）に別当職に補任されて以後、円祐—円鎮—円真—覚日—鎮誉—定鎮—長祐が別当を歴任した。

文明十八年、印融は宝生寺で御室《おむろ》流の法を覚日から授けられた。印融はこの覚日（長円）と円鎮とを「両匠」としているので、円鎮にも学んだことがわかる。印融は小机城がある港北区烏山町の古刹三会寺《さんねじ》を中興し、数多くの著作が伝えられる学僧としてよく知られている。

宝生寺には、南北朝時代末の覚尊から長祐の世代までの中世文書が、多数伝来している。平子氏出身の円鎮が住持を勤め、寺領を寄進した宝生寺文書によって、永正九年に北条早雲がこの地

新井城跡　神奈川県三浦市

まで進出してきたころも、平子氏は本領の平子郷を支配していたことがわかるのである。そのことを、本牧四箇村への禁制が裏づけてくれる。上杉顕定に属した平子氏も、前々年の顕定討ち死にの後、主家を裏切り長尾為景に属し、為景と結ぶ早雲に本領の安全を頼んだのが、この禁制であった。

三浦道寸父子の最期

北条早雲が迅速に三浦氏を駆逐して岡崎・大庭城を落とし、鎌倉に入り、武蔵国境あたりまで進出することができた背景には、古河公方家における父子の対立や関東管領家の内紛が幸いしていたといえる。以後、三浦郡に籠もった三浦氏を滅ぼし、相模一国を平定するまで、早雲は数年を要した。早雲が堀越公方を滅ぼして伊豆国を奪い、大森氏を襲って相模国西郡を切り取り、三浦氏を攻めて中郡・東郡を制圧したときと同様に、早雲はじっとその時機を待ち、時いたれば奇襲戦法で一気に攻めるという戦法を用いた。

『北条記』は、住吉城に籠もる三浦勢を追いかけ、敗れた三浦勢は新井城（三浦市）へと立て籠もった。これに対して早雲は向城《むかいじろ》を取り立て、「三年まで食責（兵糧責め）」に攻めたとある。

永正十二年（一五一五）に道寸が書き写した法華経が、江戸時代まで鎌倉の荏柄天神社に伝来していた。道寸は「法昌寺殿松岩妙秀大姉」の百箇日供養のために書き写したことが、同経奥書によってわかる。道寸の母は大森氏頼《うじより》の娘であるが、その大森氏の系図に、「高救室、三浦義同（道寸）母、法名妙秀・号桂岩」とある。「松」岩と「桂」岩では一字異なるが、法昌寺殿松岩妙秀大姉は道寸の母とみてよいだろう。『北条五代実記』巻二に、亡母妙秀大姉の菩提を弔うため、道寸は法華経一部八巻の末尾に回向文を書き添えて、鎌倉荏柄社別当（一乗院）のもとに送ったとあるので間違いない。つまり、三浦新井城から使者に託して鎌倉の荏柄社へ届け、奉納したのである。

『鎌倉公方九代記』は、「小坪・秋谷・長坂・黒石・佐原山の難所」も突破した早雲は、道寸が籠もった新井城の向城を取り立て、これを囲んだとある。その難所の一つ秋谷の大崩《おおくずれ》は、山が崩れて海に入り、片岸の細道であった。

新井城は周囲三十余町を囲いこめ、東の方だけがわずかに陸地につづき、三方は入海の島城で、「白浪岸を洗ひ、峯高き羊腸の山坂、鳥ならでは翔り難く、巌崎《そばだ》ちたる雁歯の峻しき、獣と雖、通ふに疲れぬべし、たとひ百萬騎の勢を以て向ふとも、力攻めにはなし難し」という、要害堅固な城郭であった。

道寸は、「千駄櫓」という大きな岩穴に、常に米を千駄も積み入れて兵糧の蓄えをしていたという。そこで早雲は、四方の通路を絶って兵糧攻めを行った。ようやく後詰めとして相模国中郡へ出張した扇谷上杉朝興の軍勢を追い払った早雲は、永正十三年七月、数万の寄せ手をもって新井城を攻撃した。寄せ手を防ぐために設けた逆茂木《さかもぎ》が破られ、大手を守る大森越後守と佐保田河内守は、道寸に城を捨てて上総国の真里谷氏を頼ろうと進言した。しかし道寸は、三浦大介義明《よしあき》以来の同家の歴史を回顧し、「命を限りに戦うて、弓矢の儀を専にしよう」と述べ、退散したい者は遠慮なくそのように行動してくれと伝えた。

その晩は終夜《よもすがら》酒宴をはり、佐保田河内守が謡うのに応え、子義意は扇を取り、

君が代は千代に八千代によしやた、
　現《うつつ》の中の夢のたはふれ

と舞った。そして夜もしらじらと明けるころ、大手門を押し開き打って出た。

団扇をもって指揮する道寸を目指して、北条方の武士、神谷知重が名のりをあげて駆け寄った。組み討ちとなって知重は落馬し、道寸に討たれた。子義意は身長七尺五寸（二・二〇メートル）、世に八十五人の力ありといわれた大力で、家伝の正宗の大太刀（五尺八寸）を抜いて寄せ手の中へ駆け入り、払切、横手切、袈裟掛、胴切、唐竹割と縦横無尽に活躍した。しかし寄せ手は新手、新手を繰り出し、ついに道寸も、「常に好みし和歌」で、

うつものも討たるゝものも土器《かわらけ》よ
　砕けて後はもとの塊《つちくれ》

と、辞世の句を詠んで自害した。

父道寸の自害を介錯した義意は、「一丈二尺の白樫の棒を八角に削り、筋鉄を渡し、末二尺余りに疣《いぼ》を植えた」のを引っ提げ、敵中に打ち入った。最後は自ら首をかき切り、立ちながら死んだと軍記にある。その首は血眼を開き、歯をくいしばり、睨《にら》みつけた様相で、それを見る人はたちまち病気になるとの噂から、「有験の貴僧」に供養させたが、三年のちも首は生けるが如く、小田原城に近い久能の総世寺の僧が、首の傍らで座禅を組み、「うつつとも夢とも知らぬ一眠り浮世の隙をあけぼのの空」と詠んで回向したところ、たちまちに眼が閉じ、肉が腐り白骨と化したという。

三浦道寸の墓　神奈川県三浦市

小田原市板橋に近い居神神社は、三浦義意を祭神としているが、新井城から義意の首がこの付近の松に飛んでひっかかり、下を通る人を悩ませ、総世寺の僧が供養して鎮魂したと伝えられている。

新井城のあたり百余間は、今も田畑を作らず、草も刈らず、牛馬がそのうちに入って草を食べるとたちまち死んでしまうという。また、すみれの花が咲くときは、「旗の手の乱る、に似て、茅《つぼみ》の穂の靡く光は、剣の刃の磨けるが如し」といわれた。毎年七月十一日、新井城跡には黒雲がおおい、稲妻が輝き、雷鳴があって亡霊があらわれ、「叫喚求食の声」が聞こえると、村人が語っている。

伊豆八丈島での攻防

永正十三年（一五一六）七月の三浦新井城攻めは、凄惨を極めた。北条早雲が伊豆国を取り、小田原城を奪い、岡崎・大庭城を攻め取った戦いは、多くの相手の手薄を狙った奇襲戦法であったから、双方の死傷者は比較的少なかったが、兵糧攻めとは早雲には珍しい、力による戦いであった。平安時代以来の相模武士で、鎌倉時代から唯一の同国守護として威勢を誇った三浦一族の最期であっただけに、すさまじい死闘をくりひろげたことが想像される。軍記物の誇張はあるかもしれないが、それにしても、人々の記憶に残る激しい合戦が行われたことは否定できない。

承久の乱（一二二一）で敗れ、隠岐島で死んだ後鳥羽上皇の霊を慰めるため、鎌倉幕府が鶴岡八幡宮の裏に今宮を創建し、応永二十九年（一四二二）には、鎌倉公方が鎌倉比企谷の館で殺した山入与義《やまのいりともよし》の霊を、大町の御霊宮（八雲神社）に祀ったのと同じように、北条氏によって小田原城下の山角町に、義意の霊を祭った居神神社が創建されたのである。これは、いわゆる御霊信仰によるものである。いかに新井城攻防の戦いが激しかったかがわかる。

道寸が新井城で討ち死にしたころ、伊豆七島の八丈島でも、早雲の軍勢と三浦方が争ったことが『八丈実記』に記されている。すでに述べたように、伊豆七島は南北朝時代から山内上杉氏の

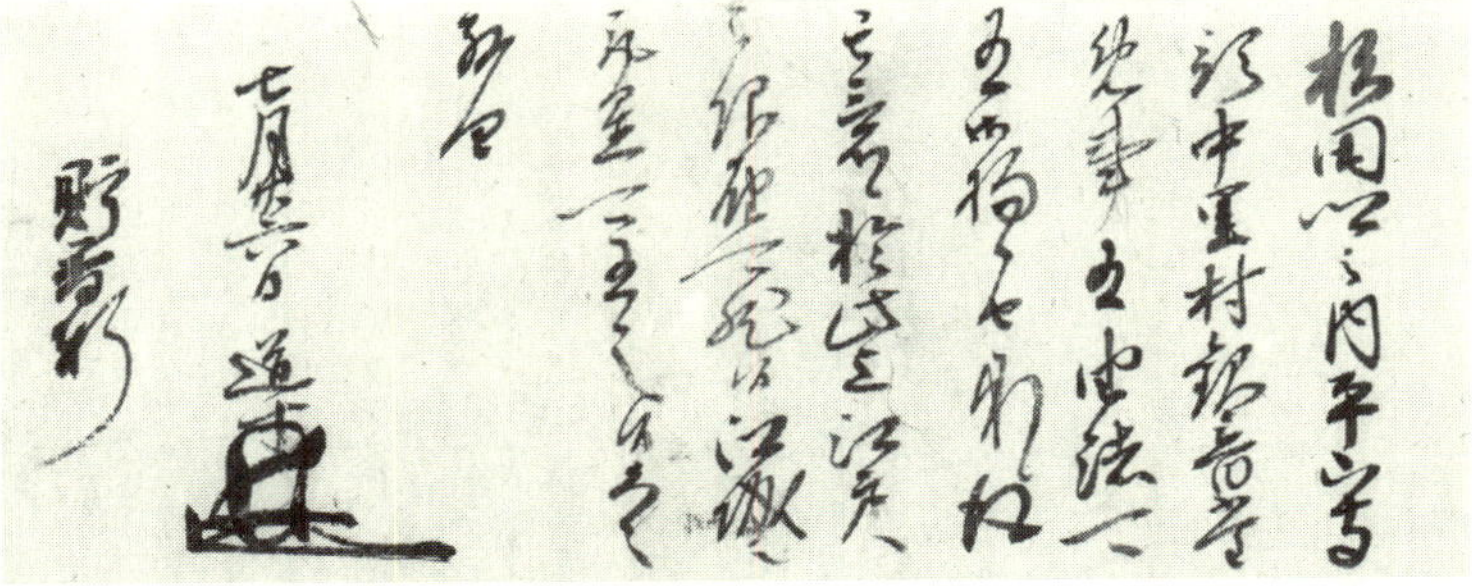

（年不詳）7月26日付け三浦道寸書状　神奈川県相模原市・津久井光明寺蔵　写真提供：神奈川県立歴史博物館

家領で、八丈島は同氏の代官奥山氏が在地を支配していた。島内五ヵ村のうち四ヵ村と、付属する小島二ヵ村は奥山氏の支配地域で、残り一ヵ村・中之郷のみは、道寸の代官弥三郎が管理していた。永正十一年、北条早雲との戦いを聞いた奥山氏らは島を出発したところ、沖合で北条方の軍船十三艘に追われ、大島に逃げ込んだ。ここに早雲の代官「駿河の円明」を大将として夜討ちをかけてきたので、大島を脱出して三浦へ走った。翌十二年四月十八日、奥山氏と道寸の代官弥三郎は八丈島に帰り、翌十九日、彼らは討ち死にしてしまった。

　奥山宗麟は、山内上杉氏の家人として武蔵国神奈川に住み、神奈川湊と八丈島の間を往復して年貢を納めた。宗麟の菩提寺が神奈川の宗興寺で、いまも現存している。奥山氏に代わって八丈島を支配した北条方の「円明」とは、『北条五代記』に、伊豆国下田の領主で八丈島に渡ってここを北条領としたとある、朝比奈《あさひな》知明《ともあき》のことである。

　津久井郡の光明寺には、道寸の書状が二通も伝来している。そのうち一通は、文諦首座《しゅそ》に宛てたものである。この書状の封紙ウハ書が残っていて、次のように書かれている。

文諦首座　　瑞雲庵

道寸

ここからは、道寸が瑞雲庵を名のっていたことがわかる。内容は、「郡内久野谷郷の内・中之村竜崎分」は私が支配しているので、文諦首座が知行することに異議はないと保証したものである。久野谷郷は、逗子市久野谷に比定される。

もう一通は、貯香軒に宛てた書状で、内容は、「杉田郷の内・中里村の観音堂」に付属した免田についてである。杉田郷中里村は、横浜市磯子区杉田・中里として地名が現在も残っている。道寸は、旧武蔵国久良岐郡内である杉田郷中里村にあった観音堂の免田のことにつき、貯香軒が支配することを認めている。ただし、このことを江戸城に届けるように伝えているのは、江戸城にあった扇谷上杉氏が、久良岐郡内をも領域としていたことを示している。

また、鎌倉建長寺の塔頭西来庵に伝来する文寵書状に、文寵が後見することになった霊山寺の寺領支配の代官に、三浦道寸を取り立てたことが見える。同庵には、霊山寺を西来庵の支配にまかせると評議した事書が残っている。霊山寺は、鎌倉雪ノ下（大蔵）にあったらしい。

道寸は、円覚寺の塔頭寿徳庵を再興した。同庵には、『三浦系図』と道寸所蔵の太刀一振りが寺宝として伝えられていた。同庵に付属した聴好軒が、先の貯香軒と同音なのは偶然だろうか。

三浦道香が葬られた延命寺

正徳四年（一七一四）、三浦郡長柄村の村民が、「長香庵」（寿徳庵内の「聴好軒」のことであろう）に道寸自筆の「庭訓折本《ていきんおりほん》」を寄進したという。庭訓折本とは、中世の教育書として知られる『庭訓往来』の折り本のことと思われる。

三浦道香主従の墓　神奈川県逗子市・延命寺

『北条五代実記』は、道寸が和歌をたしなみ、数巻の歌書を自筆で書き残し、鶴岡八幡宮の供僧恵光院に『和漢朗詠集』一部を、また、同宮小別当に『古今和歌集』一部と頓阿《とんあ》の『続草庵和歌集』を贈ったとある。さらに、出口五郎左衛門は『新勅選集』二冊を道寸からもらい受けて所持していたという。早雲が三浦三崎を攻めたとき、出口五郎左衛門は、三崎城衆を連れて城ヶ島に移ったため、北条氏は海上を制圧することができなかった。そこで、建長・円覚両寺の仲介によって和睦し、出口氏ら三崎十人衆の旧領は安堵されている。

道寸は書にすぐれ、『古筆手《こひって》鑑《かがみ》』にも歌集切として、その筆蹟が収められている。また、東常縁から古今伝授を受けたと伝えられている。康正元年（一四五五）、常縁は主家千葉氏の内紛を収めるために下総国へ下向した。その後上洛したが、文明十八年（一四八六）、子常和《つねかず》は関東にあって、三浦芦名で歌人堯恵《ぎょうえ》の来訪を受けているのも、道寸との関係からであろう。

京浜急行逗子駅の付近に、延命寺がある。古義真言宗の古刹で、本尊は大日如来を祀っているが、院号（黄雲山地蔵院）が示すように、古くは地蔵菩薩を本尊とした。寺号も延命地蔵に由来している。ここに、道寸の弟道香《どうこう》主従を追福したと伝えられる七基の宝篋印塔が、ひっそりと境内の片すみに建っている。岡崎城で敗れた道寸は、いったん逗子と鎌倉の境にあった住吉城に入ったが、さらに新井城に移り、弟道香に住吉城を守らせた。そして永正十年七月七日に北条氏が同城を襲い、道香らは城から落ちのび、同寺に入って自害して果てたという。のち、道香の家人菊地了祐が、その霊を慰めるために寺を造り替えたと伝えられている。了祐の子丹後は土着し、逗子村の里正（名主）を勤めたと家伝にある。

近世、延命寺が管理した八幡神社の阿弥陀三尊の懸仏《かけぼとけ》は、鎌倉時代の作で、現在は延命寺の所蔵である。一説に、延命寺本尊の地蔵尊を納めた厨子《ずし》から、逗子という地名が起こったともされるが、いずれにせよ、かなり古い由緒ある寺院といえる。延命寺は田越川《たごえがわ》畔にあり、河口までは直線距離にして一キロほどである。江戸時代に新田が開かれる以前には、この付近から海岸までは、砂浜と葦が生えた湿地が散在していた。

延命寺から三、四百メートルほどの砂浜に、「大墓」と呼ばれるところがあった。広い共同墓地で石塔がならび、中央に地蔵があった。そしてその周辺に、五輪塔がころがっていたという。それが近年、児童遊園になるとのことで、延命寺などに五輪塔や墓石が移された。赤星直忠氏は、延命寺はこのあたり一帯が野辺送りの場所で、塔婆がたち並んでいた場所に供養の小堂として建てられ、堂守の僧が住みついたのが始まりだろうとし、それは中世の末ごろと推測している。

田越川の河口では、鎌倉時代の初めに六代御前（平維盛《これもり》の子）や三浦胤義《たねよし》の子などが殺されている。ここからは、同所が処刑の場であり死者を葬るところで、片瀬川の河口にあった龍ノ口と同様の性格を持っていた場所だということがわかる。三浦道香がここに葬られたのも、そのためであろう。この堂（おそらく地蔵堂）を、江戸時代に逗子村の名主を勤めた草分けの家菊地氏が、寺として整備したとみることができる。

道寸ゆかりの塔頭聴好軒（長香庵・円覚寺内）に、正徳四年（一七一四）、道寸筆の『庭訓往来』を寄進した荒井高保は、逗子村に隣接した長柄村（葉山町）の名主の家柄で、家伝によれば、先祖は道寸の末子という。

三浦半島には、こうした三浦氏ゆかりの家が少なくない。

相河一族と榎戸の湊商人

永正十三年（一五一六）七月十一日、北条早雲は三浦新井城に三浦道寸・義意父子を滅ぼした。その落城の一ヵ月ほど前の六月十三日、相河半吾は三浦郡浦之郷の能永寺に証文を差し出している。

同証文によれば、相河氏一族ははじめ、横浜市磯子区富岡にあった「ほうりう寺」の檀家であったが、不幸があって一度に三人も死亡する事件が起きた。そこで「ほうりう寺」では、他の檀家が別の寺へ移るのを恐れて、半吾らを檀家からはずしてしまった。しかし、半吾らは承知しない。やむなく、金沢六ヵ村（金沢区）の寺々へ檀家としてくれるよう頼んだが、同様のことが起こるのを恐れた寺院は拒絶してしまった。そのため、今度は同所の上行寺へ行って、法華の信者になるからといったが、やはり受け入れてくれなかったという。

　そこで、金沢と国境を接する相模国三浦郡内の浦之郷（横須賀市追浜）に出かけて、郷内の自得寺へお願いしたが、やはり同様に断られてしまった。ついで郷内の榎戸にある能永寺に赴き、数田・あやへ（綾部）・鈴木の諸氏に依頼し、ようやく許されたらしい。そこで半吾は、「一族の名がある限り、嫁をとっても聟《むこ》をとっても、能永寺がつづく限りは、一族は能永寺の檀家になる」と、証文を同寺に差し入れたのである。

　相河一族が檀家になった能永寺は、遊行寺の末寺で浦之郷の字道場というところにある、室町時代に創建された寺院である（開山は長立応永二十一年〈一四一四〉没）。半吾を断った金沢の法華宗寺院上行寺は、京浜急行金沢八景駅の付近にあり、裏山に、上行寺遺跡と呼ばれる中世遺跡が発掘されて評判になった。寺は中世の六浦湊に面し、寺を開いた檀那六浦氏は、湊に出入りする商船の船荷を取り扱った商人であったという。また、寺院がある侍従川の河口一帯は塩浜と呼ばれ、塩の生産がさかんであった。

六浦本郷といわれたこのあたりから、侍従川を越えて対岸の瀬ヶ崎は、室の木へと岬のように突き出た地形をしていた（現在は関東学院大学などがある）。瀬ヶ崎の裏手につづく丘陵を越えると、相模国三浦郡に入り、そこに浦之郷があった。浦之郷は浦郷・田浦・長浦の旧三ヵ村を含んでいたという。浦の字が地名となっているように、東京湾に面し、半島の山々が直接に海に入った入り組んだ入江をいくつかつくっていた。その一つが「深浦」というように、入江は奥深く、湊としては最適の地形をもっている。榎戸もその一つであり、『廻国雑記』には、

爰は昔頼朝卿の鎌倉に住せたまふ時、金沢・榎戸・浦河《（賀）》とて三の湊なりけるとかや

えの木戸はさし入ってみずうらかはに
門をならべてみゆる家々

とみえる。つまり、金沢（六浦）・浦賀とともに中世の湊であった。

江戸時代には湊口が埋まり、船の出入りに不便となったため、貉ヶ谷に移ってしまったが、浦高札は旧慣によって榎戸に建てられていた。明治はじめにつくられた『皇国地誌』に、浦之郷村の舟として、百石積み以上の荷船一〇、五〇石積み以上の荷船七、押送船二五、伝馬船一六、漁船二〇五、

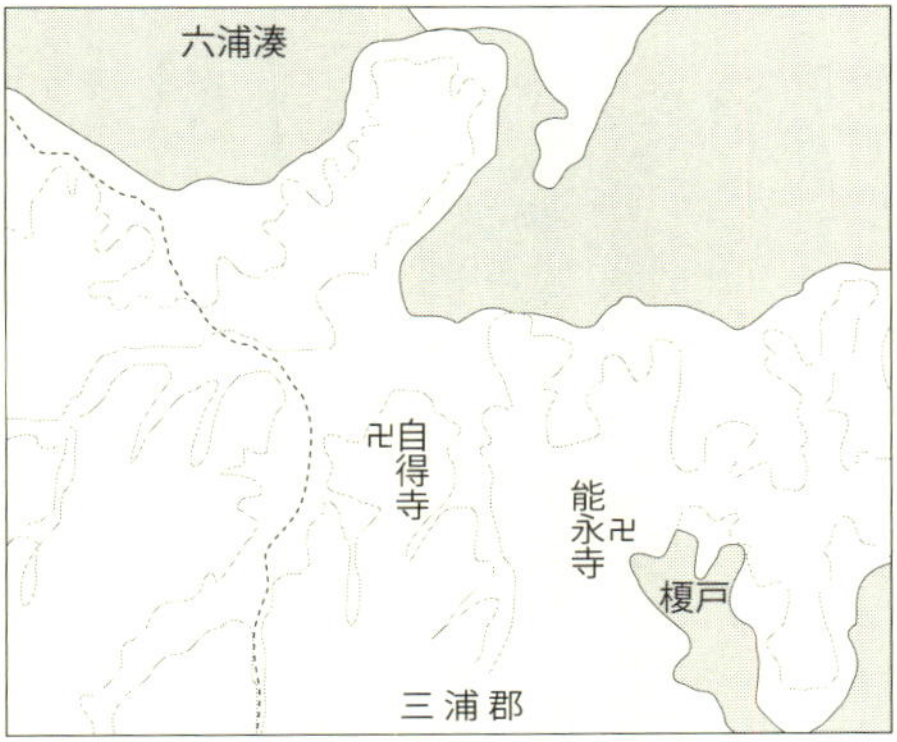

図6　三浦榎戸の港付近図

合計二六三艘があったと書かれている。この船数は、他村に比べても圧倒的に多い。なお、同村の雀ヶ浦にも塩浜があった。

相河半吾が能永寺の檀家になる際に、口ききをしてくれた数田・綾部・鈴木の諸氏は、おそらくこの中世の湊、榎戸に関係した商人であったのではなかろうか。おそらく相河半吾も、そうした商人の一人と思われる。

中世の湊町、浦之郷は海浜が埋め立てられ、現在は日産自動車追浜工場をはじめとした工業地帯に変ぼうして、昔の面影は残されていない。

第二章　早雲の政治構想

「天下の英物」北条早雲の死

三浦道寸（義同）・義意父子を討ち取った北条早雲は、それから十日後の七月二十一日、伊豆国一宮の三島大社（三島市）に、「指刀《さしがたな》」（刺し刀）を奉納した。それを示すのが次の史料である。

今度、度々の合戦に大利を得るにより、指刀を奉納する所、よって件のごとし

永正十三年丙子七月廿一日

宗瑞（花押）

北条早雲肖像　神奈川県箱根町・早雲寺蔵

翌年三月、上杉建芳（朝良）は、「三浦父子が討ち死にし、当国で「早雲庵」に対して一戦を遂げる覚悟でいるが、それ以後は一向に敵は討ち出て来ない。そこで、この春のうちに相模国を攻めるつもりである」と、手紙を書き送っている。しかし朝良は、

北条氏５代の墓　神奈川県箱根町・早雲寺

翌十五年四月二十一日に死んでしまった。

永正十四年、北条早雲・氏綱父子は、三島大社に十二単《じゅうにひと》衣《え》の服を寄進した。その目録に、唐錦の小袖・束帯・紅綾・白綾のそれぞれ小袖、織物の小袖、萌黄《もえぎ》の綾一重、黄色の指貫、引敷の唐錦と練繰りの糸千筋も寄進したと記されている。これらは、おそらく京都から取り寄せたものであろう。翌十五年二月、早雲は相模国の当麻宿（相模原市）に制札を下した。

永正十六年四月二十八日、早雲は菊寿丸への譲状をしたため、八月十五日、伊豆国韮山城で死去した。太田道灌と同じ年に生まれたといわれる早雲は、ときに八十八歳であった（異説あり）。『異本塔寺長帳』は七月二日、三浦三崎へ舟遊びに興じているときに調子が悪くなり、一月半ばかりのちに死んだとする。

早雲の遺骸は、同国修禅寺で荼毘《だび》に付されたが、遺言によって京都紫野の大徳寺から以天宗清《いてんそうせい》が招かれ、箱根山湯本に早雲寺が創建され、同寺境内の墓地に葬られた。早雲は伊勢氏を名のったが、『伊勢系図』のひとつに、京都で牢人（浪人）であったとき、大徳寺の塔頭竜泉庵に蟄居《ちっきょ》していたとある。同寺七十九世悦渓宗悟が書き写した道号頌《どうごうしょう》に、早雲は諱《いみな》を宗瑞といい、自ら早雲庵主を称し、同寺の春浦宗熙に師事し、同寺七十二世東渓宗牧から「天岳」の道号を与えられたとある。宗牧は、早雲とともに宗熙の弟子であったらしい。早雲寺の開山となった以天宗清も、彼らと同門の僧であった。

紀伊国高野山にある北条一門の位牌所、高室院に所蔵されている『北条氏過去帳』の冒頭に、「早雲寺殿天岳宗瑞公大禅定門」と書かれているのが、早雲の戒名である。

早雲没後、一ヵ月の後（九月十五日）に行われた無遮会《むしゃえ》にささげられた祭文《さいもん》が、鎌倉明月院主玉隠英璵の語録に収められているが、その一節に「故賢大守（早雲）は、その人いずくんぞかくさん、天下の英物なり」とある。また、越前国の大名朝倉教景（宗滴）は、駿河国の連歌師宗長と交流があったが、宗長から聞いていた早雲の人となりについて、『朝倉宗滴話記』のなかで、「伊豆の早雲は『針をも蔵に積べきほどの蓄仕り候、然りと雖も、武者辺に使う事は、玉をも砕いて使う』ような人だと、宗長が常に物語っていた」と書きとどめている。

早雲の子氏綱が、その子氏康に置き残した家訓は、早雲について、

亡父入道殿は、小身より天性の福人と、世間に申し候。さこそ天道の冥加にてこれあるべく候えども、第一は倹約を守り、華麗を好み給はざる故なり、惣別、侍は古風なるをよしとす。当世風を好むは、多分にこれ軽薄の者なり、と常々申させ給ぬ

としている。

早雲の家訓『早雲寺殿廿一箇条』

永正十六年（一五一九）七月に八十八歳で死んだ北条早雲は、子孫に対して家訓を残した。この家訓は『早雲寺殿廿一箇条』といわれるように、二十一ヵ条からなりたっている。以下、条文をみていこう。

①第一に神仏を信じ奉るべきこと。

②朝はつねに早く起きるように心がけなければならぬ。遅く起きるならば、召し使っている者までが気をゆるめてしまい、公務の大切な用事にも事欠くようになる。

③夕刻は五ツ（午後八時）までに寝しずまるようにするがよい。夜盗は必ず子・丑の時刻（夜十二時〜二時）に忍び入るものである。宵の口に無用の雑談を長くしていて、子・丑の刻にぐっすり寝入っていると、夜盗に忍び込まれ、家財を盗まれる結果となる。宵には燃え残りの薪や、その他の火を片づけておいて、夜は早く寝て、朝は寅の刻（午前四時）に起き、行水をし、神仏への礼拝をなして、身のまわりを正しく整え、その日の用事を妻子や家来の者どもに申し付けて、それから出仕するのであるが、それは六ツ（午前六時）までにしなければならない。

④朝起きたならば、手水を使う前に、厠《かわや》や廐《うまや》、それから庭から門の外までよく見回り、まず初めに掃除する個所を適当な者に言いつけ、それから手水を早く使い終わるのがよい。

⑤神仏を礼拝することは、身の行いというものである。神仏に対して拝む気持ちがあるならば、ただひたすらに心を正しくおだやかに持ち、正直一途に暮らし、上なる人を敬い、下なる者

を憐れみ、つつみかくしなく、有るをば有るとし、無きをば無いとして、ありのままの心持ちで生活することが、天意にも仏意にも叶《かな》うというものである。

⑥刀や衣裳は、他人のように、ことに立派なのをつけようとしてはならない。見苦しくない程度で満足し、決して華美に流れるようなことがあってはならない。

⑦主人の所へ御出仕申し上げるときはむろんのことであるが、その他の場合、あるいは少々の用事があって今日は出仕せず、宿所にいるのだがと思っても、とにかく髪を早く結わなければならない。ふしだらな格好で人の面前へ出ることは、不作法で嗜みのない態度といわなくてはならない。

⑧出仕する場合は、殿の御前へ参ってすぐに伺候するようなことはしてはならない。そのようなときは、御次ぎの間において、同輩の人たちの様子を見て己れの身なりをも正し、そうしてから初めて御目通りへまかりでるようにするのがよい。

⑨殿が何かのことを仰せになるようなことがあったならば、遠く離れて伺候していても、ただちにまず「はっ」と言って御返事を申し上げて、頭を低く下げて御前へ参り、はうようにしながら御側近くに寄り、全く心から謹み畏《かしこ》んで承らなくてはならない。

⑩殿の御目通りの場所にいて、談話などをする人の近くにいてはならない。それから離れているのがよい。

⑪さまざまなことを一人で背負い込んで、何もできないのは愚かなことである。しかるべき人

に任せるのがよい。

⑫わずかの時間でもひまがあるならば、何かの本で文字が書き記されているのを懐中に入れておいて、人目を遠慮しながら読めばよい。

⑬高官職の方々が御縁に並んで伺候しているときは、腰を少々曲げて、手を前へ差し出して通らなくてはならない。

⑭上下万民すべての人々に対して、一言半句たりともうそをいうようなことがあってはならない。

⑮歌道について少しの嗜みもない人は、賤しい人といっても仕方のない連中である。それゆえ、歌道は大いに心がけて学ぶべきである。

⑯御奉公申し上げるひまひまに、乗馬の練習をするのがよい。

⑰友を選ぶ場合、良友として求むべきは、手習いや学問の友である。悪友として除くべきは、碁・将棋・笛・尺八などの遊び友だちである。

⑱その日の仕事も終わってわが家へ帰ってきたならば、廐のあたりから家の裏のほうまでも回って見て、壁や垣根や犬の通った所などに穴が開いている個所があったならば、そこを修理してふさぐようにさせなくてはならない。

⑲夕方になったならば、六ツ時（午後六時）には門をぴったりと閉ざしてしまい、人が出入りする場合だけ開くようにさせるがよい。

⑳夕刻には、台所や茶の間、その他の火の置いてある場所を自分で見回って、火の用心を家人に対してかたく申し付けておかなければならない。
㉑文武弓馬のことについては、武士たる以上、つねの道であるから、とくに書き記すまでもない次第である。

以上が、早雲が書き残したといわれる『早雲寺殿廿一箇条』の主なる内容である。最後の二十一箇条目に、「文武弓馬のこと」は武士として当然に心得るべきことだから、とくに書き記すまでもないことだとあるように、二十一箇条の内容は、家を中心として日常心掛けるべきことを書き上げた「家訓」である。そして、北条早雲が子孫に書き与えたというよりも、早雲に仕える家臣たちが、主人に仕える心得を述べたものといえる。その書き方は、例えば殿様の前に伺候したときの心得⑨についての動作を述べたあとに、「このようなときの注意としては、自己の才能のある点をほのめかして申し述べたりしてはならない。事柄によって、自分一人では計りかねるような御返事は、分別ある人に相談したうえで申し上げるようにするのがよい」と書き加えている。

また、手水の使い方④については、「水を使うに際しても、たくさんあるものだからといって、むやみやたらにうがいなどをして捨ててしまってはならぬ。また家の中だからといって、あまり高い声を上げながら手水を使ったりするのは、他の者に無遠慮なしぐさであって、非常に聞きにくいものであるから、静かにしなくてはならない」と、まことに細やかな注意を述べ、つづけて昔の言葉として、「天高けれども背をまげて立ち、地厚けれどもぬき足で歩く（天に跼《くぐまり》、地に蹐《ぬきあし》す）」と、格言を引用する。

早雲の家訓は、「平明・簡潔・実際的」と評価されている。著明な歴史学者石母田正氏は、駿河守護今川氏の食客から身を起こした早雲は、右の「天に跼、地に蹐す」の言葉通りの苦労を重ねて生涯を終えた人物で、深刻な前半生を過ごしながら、家訓にはその片鱗さえ見せていない。彼にとっては現実と事実だけが問題で、「有るをば有るとし、無きをば無き」⑸とあるように、過去や歴史は「無」きものであり、過去の武勲も現実には通用せず、二十一箇条の規定の一つ一つを確実に日々実行しているかどうかという事実だけが、家臣の評価の唯一の基準であったにちがいないとする。

とはいえ、この家訓は早雲の作だという確実な証拠はない。江戸時代の初め、相模国三浦郡出身の三浦浄心は、北条家五代にわたる事績をまとめた『北条家五代記』のなかで、「昔関東において、早雲寺殿をしへの状と号し、小札あり。心をおろかなる者は、是をよみならひたりし」として、廿一箇条を書き上げている。歴史学者の多くも早雲の作であることに肯定的である。それにしても、手とり足とりのように日常の些細《ささい》なことを書き上げており、一代の風雲児のイメージと合わない。

早雲の家法と教養

『早雲寺殿廿一箇条』と呼ばれた北条早雲の家訓について、司馬遼太郎は早雲の一生を描いた『箱根の坂』のなかで、「人たるものは何時に寝て何時に起きよ、とか、目上によばれれば、まずいちはやく「あゝ」と返事をせよ、あるいは夕方になると火の用心のために家中を見てまわれ、とかというようなこまごましている。いかにも口喧《やかま》しげな老人が目に見えるようである」と評している。

『早雲寺殿廿一箇条』は、家臣が主人に仕えるにあたっての心得を述べた、どちらかといえば教訓、道徳的なものが多い。これに対して、早雲は自己の領地（領国）を治めるべき法律、家法を制定していたことを、小和田哲男氏が明らかにした。

①伊豆国三島神社の祭礼銭の規定
②郷村から闕け落ちした百姓を還住させる人返しの規定
③年貢の納入の規定
④作毛が相違したときの規定
⑤御蔵銭を借りたときの算用規定
⑥段銭の納入の規定
⑦代官の更迭に関する規定
⑧田畠永代売を禁止する規定

⑨棟別銭の納入の規定
⑩兵糧を移出する規定
⑪一向宗を禁止する規定

この家法（分国法）は、十七ヵ条からできていたらしく、現在のところ以上の十一ヵ条までが判明している。早雲がこの十七ヵ条を家法としてまとめたのは、永正三年（一五〇六）と推定されている。なお、この年、早雲は初めて検地を行っている。

早雲の教養を知ることができる史料に、有名な軍記物『太平記』の写本でもっとも古い、『今川本太平記』の奥書がある。それによれば、同書写本は甲斐国守護武田信縄《のぶつな》の伯父武田兵部大輔が、文亀三年（一五〇三）の冬に、駿河国守護今川氏親から借りて書き写したものであった。その際、早雲が『太平記』の諸本を集めて校合したうえで、下野国の足利学校の学徒に校訂を依頼し、さらにこれを京都に送り、官務家の壬生于恒《みぶにつね》に頼んで、朱点と片仮名で読みくせをつけてもらったことを聞き、それを借用して書き写したと記されている。

永禄三年（一五六〇）六月、北条氏康・氏政父子は、足利学校の痒主《しょうしゅ》（校長）九華瑞璵が辞職して、故郷の大隅国へ帰ろうとして小田原に立ち寄ったとき、城中に招き『三略《さんりゃく》』の講義を聞いた。そして、宋版の『文選《ぶんせん》』を足利学校に寄付し、九華を慰留して、ふたたび痒主にとどまることにさせた。この『文選』は、金沢文庫の蔵書であったものである。また、有名な鎌倉幕府の記録『吾妻鏡』の写本に北条本がある。北条本は、天正十八年（一五九〇）の小田原落城の際、講和の使節として活躍した黒田孝高《よしたか》（如水）に、北条氏直が贈ったものである。氏直は『吾妻鏡』とともに、早雲が所持していた刀剣を如水に贈った。この刀剣は「日光一文字」といわれ、現在は国宝として福岡市博物館に伝来する。鎌倉中期の福岡一文字派の作刀で、名前の由来について『刀剣名物帖』に、「日光権現に納りて有しを小田原北条早雲長氏申落して所持す。氏綱・氏康・氏政迄伝る。小田原陣黒田如水老嗳和談になり、依之為礼此刀并に東鑑経正本、白具を遣す」とある。つまり、この刀剣は下野国の日光権現に納められていたものだというのである。

最後に、『北条五代記』に見える早雲の人物評を記しておこう。

仁義をもっぱらとし、一豆の食をえても、衆とともに分けて食し、一樽の酒を請ても、流れにそそぎて、士と等しく飲するがごとし。夜は夜もすがら眠りを忘れて、行いに心を傾け、昼はひねもす、面をやわらげて交わりを睦じくす。すすみて万人を撫でん事を計り、退きては一身の失あらん事を恥づ。楽しみは諸侯の後にたのしみ、憂いは万人の先に憂う。

子息長綱への所領譲与

早雲が病没する三ヶ月前の永正十六年（一五一九）四月二十八日、早雲は菊寿丸に所領を譲った。この所領は、①箱根領別当勘忍分在所、②箱根領所々、菊寿丸知行分、③宗瑞譲りの在所、から成り立っている。つまり、①②は「箱根領」であり、相模国箱根権現の領地を指している。

①の箱根領別当とは箱根権現別当のことで、別当勘忍分は箱根権現領の別当分として与えられ

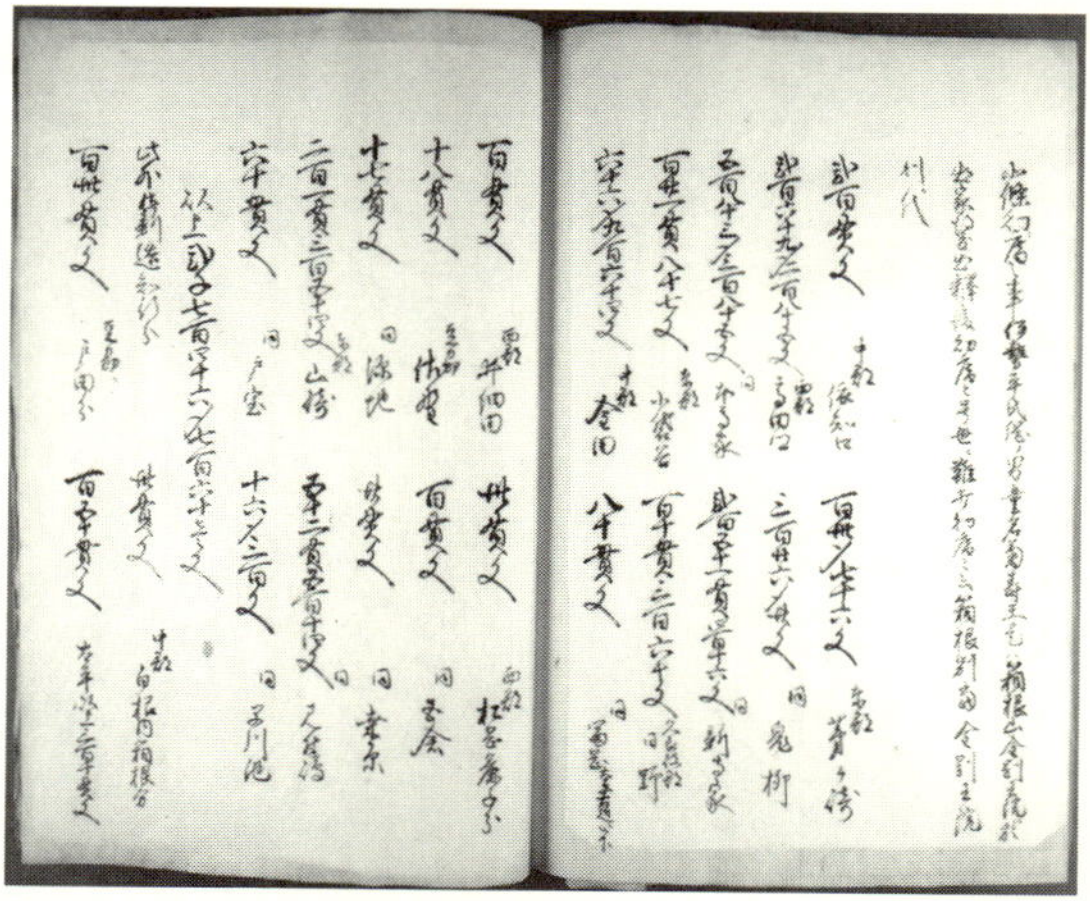

『小田原衆所領役帳』の北条幻庵知行分（部分）　神奈川県立公文書館所蔵

た領地のことである。②は、箱根権現領のうち菊寿丸が知行した領地のことである。この箱根権現領①②のほかに、③宗瑞（早雲）から菊寿丸に譲られた在所（領地）があった。よってこの所領注文は、箱根権現領のうち別当領①と、菊寿丸が知行した領地②と、早雲が菊寿丸に譲った領地③が書き上げられたものである。

注文は、①②③を四枚の和紙をつないで書き上げ、紙継目《かみつぎめ》には「桜」の印判が押され、宛て先は菊寿丸となっている。大永三年（一五二三）、北条氏綱は鎌倉時代に北条時頼が再建して以来、三百年あまり造営が行われなかった箱根権現の社殿を、「故太守早雲寺殿天岳《（父早雲）》」の遺志によって造営を行った。そのときの棟札が現存しているが、それには「伊勢氏綱」と造営奉行遠山直景、箱根権現別当権僧正海実、それに「伊勢菊寿丸」の名がある。氏綱は伊勢氏を称しているが、当時北条氏はまだ伊勢を名のっていた。菊寿丸も伊勢氏を名のっているので、早雲・氏綱父子と一族であることがわかる。

菊寿丸は、氏綱の弟長綱《ながつな》であるとされている。長綱はのちに箱根権現第四十世の別当になったとされ、『小田原旧記』の「御家門方」は、長綱を「箱根殿」としている。天文年間に氏綱が行った鶴岡八幡宮造営事業を記録した『快元僧都記』には、氏綱・氏康ら北条氏一門が同宮を参詣した際、長綱も同行しているが、同記の記事に「箱根殿」とあるのが長綱のことである。長綱はのちに宗哲（幻庵）と号したが、北条氏家臣の所領を書き上げた『小田原衆所領役帳』の御家門方、幻庵の所領には、①②③の領地がほとんど書き上げられている。菊寿丸は長綱（幻庵）ではなく、氏綱の子ではないかとの説があるが、いずれにせよ菊寿丸に譲られた領地のほとんどが、幻庵の所領になったことは事実である。

それにしても、菊寿丸は早雲の所領ばかりでなく、箱根権現領も自己の所領としてしまったのである。その一つ、②に見える武蔵国日野郷（横浜市南区）内の春日社には、菊寿丸が同郷を譲られた永正十六年に行われた造営の棟札写しが伝えられている。九月十六日付けのこの棟札には、同郷「当地頭箱根心明院宗普」とあり、享禄三年（一五三〇）の棟札にも地頭心明院、さらに天正五年（一五七七）の棟札には、「御地頭箱根権現別当幻庵公」とある。

実は、菊寿丸への譲状に記される日野郷・金田・穴部・小袋谷・井細田の箇所に、「心明院に下さる」との注記がある。大永三年の箱根権現造営の棟札に、同権現の供僧として我観坊・心明院・満福坊が見えており、心明院は箱根権現に仕える供僧の一つであったことがわかる。のち、北条氏の重臣関善左衛門入道は、長綱（幻庵）の名において早川庄内に久翁寺（小田原市）を建立したが、この寺地は「前心明院屋敷」であった。つまり、箱根権現の供僧心明院の屋敷は同権現の境内ではなく、早川の河口で小田原城近くにあったことがわかる。

江戸時代に小田原城主であった大久保忠世は、万松院（小田原市風祭）を建立した。同寺の境内は箱根権現別当禅雄の下屋敷であったところである。これからのことから、箱根権現の別当や供僧は同権現境内ではなく、小田原城近くに屋敷を構えていたことがわかる。

永禄二年（一五六二）に第四十一世となった融山は、天正九年以前に亮山に箱根権現の別当職を譲っている。日野春日社の天正五年の棟札が「現別当幻庵公」としているが、このとき幻庵は別当ではない。おそらく俗別当であったのだろう。

北条氏の箱根権現領支配

永正十六年（一五一九）に箱根権現別当分まで譲られ、同権現領を知行していた菊寿丸であったが、大永三年（一五二三）の棟札には「伊勢菊寿丸」とのみあって、当時の別当は海実であった。つまり、このころから菊寿丸は北条（伊勢）氏一門として、箱根権現と同権現領を支配していたのである。

早雲が菊寿丸に譲った所領に、「上総国二宮」千貫文がある。伊豆国を侵し、相模一国を平定し、武蔵国の一部（久良岐郡）を制圧した早雲・氏綱父子は、この頃伊豆、相模両国を治めるため努力をしていたが、その早雲が、東京湾をへだてた対岸の上総国内の千貫文もの所領を、子菊寿丸に譲っているのである。これはいったいどうしたことであろう。

北条氏の家臣たちの所領を書き上げた『小田原衆所領役帳』の幻庵の所領にも、「佐野領千貫文」とある。「千貫文」という表記は、同役帳の筆頭に見える松田左馬助の所領のうちにも、「西歳に千貫文を下される地」として三田谷・松山筋が記されている。問題は、他の所領が何十貫、何貫あるいは何十文・何百文とあるのに、一桁《けた》ちがった千貫文という巨大な貫高を持っていることである。幻庵の下野国佐野領といい、松田氏の三田谷等といい、いずれも北条氏の新占領地、あるいはまだ十分に北条氏領となっていない新領地であることが共通している。上総国も、記録によれば、永正十四年十月に早雲が三上城で真里谷《まりやつ》氏と戦ったことが知られる。つまり、まだ検地も行われていない新征服地を、一括して北条氏一門や重臣に預けたのである。

とくに注目されるのは、早雲譲状にある「五十一貫文・武蔵高萩」である。『小田原衆所領役帳』では、高萩は幻庵の所領に見えず、「大森殿」の所領とある。同地は武蔵国高麗郡（日高市）内にあり、永正十六年ごろ、このあたりはまだ北条氏の支配下にない。同地山本坊に伝来する文安元年（一四四四）の史料には、「筥根山御領高萩駒形之宮」とあり、駒形之宮は箱根権現の御神体をなす、駒ヶ嶽を祀る駒形神社を指している。つまり、北条氏が高麗郡一帯を制圧する以前から、高萩は箱根権現領であったのである。このことからも、菊寿丸は父早雲の所領ばかりでなく、北条氏入部以前から箱根権現領であった領地までも相伝支配したことがわかる。

なお、菊寿丸の所領注文にある郷村のほとんどは、幻庵の所領となっているが、高萩だけは大森殿の所領になっている。幻庵の所領相模国東郡片瀬郷（藤沢市）について、役帳は「富士・大森ニ被下」と注記している。つまり、片瀬郷は富士・大森両氏が在地支配したと推定できる。富士氏は、駿河国浅間宮の神主富士氏の一族であることは間違いないであろう。一方の大森氏は、先の大森殿と同族ではないかと考えられ、だとすると小田原城主であった大森氏一族と思われる。菊寿丸とともに、大永三年の棟札に箱根権現別当海実が記されているが、海実も大森氏出身である。大森氏も、一族が箱根権現別当職を占め、同権現領を支配したのではなかろうか。

相模諸寺の荒廃と玉隠の勧進活動

永正十二年（一五一五）七月、鎌倉建長寺の前住持玉隠英璵は、同寺の開山塔西来庵を修造するための勧進状を作成した。同庵は、建長五年（一二五三）に北条時頼が創建した建長寺の開山に迎えられた、大覚禅師《だいかくぜんじ》（蘭渓道隆《らんけいどうりゅう》）の塔所である。「関東多年の大乱」によって、わずかな庵領からの年貢も納められず、祖師の仏前にも燈明をともせず、粥飯も供せず、守僧たちには「一日の俸禄」さえ払えず、門徒が相談して、一月ごとに巡番で祖塔を守っているありさまであった。ましてや建物も傷み、修理の費用など、とても及ぶところではなかった。そこで、十六の檀那に助成を請うため、一門に代わって八十五歳の英璵が勧進状をつくったというのである。

「真俗不二、大家代官、君臣父子、貴賤上下」の男女らが、野老農夫にいたるまで、多少を問わずその志を施せば、現世安穏にして後生善処することは疑いない。昔からこの文を唱うる者は、小児にいたるまで寿命がのびる。そして、勧進状を門徒の一僧に命じて読ませると書かれている。なお、翌年四月にふたたび清書した勧進状には、勧進の沙門（僧）として、性善の名が記されている。

これより以前、永正七年に玉隠は、鎌倉扇谷の海蔵寺修理のための勧進状をもつくっている。同寺は室町時代に扇谷上杉氏によって建立されたが、「鎌倉の大乱」で久しく修理をしなかったため、建物はことごとく荒廃し、わずかに方丈《ほうじょう》一房だけが残る状態であった。そこで貴賤上下、善男善女らに、多少にかかわらず金銭あるいは米穀で助成してほしいと勧進を行ったものである。このときの勧進僧は東徹らであった。海蔵寺には、市指定文化財の古位牌が所蔵されている。高さ一・二五メートルもある大きな位牌であるが、裏面に、永正十二年三月の彼岸に堂宇が再興したとあり、右の東徹らの名が刻まれ、志ある人の寄付により再建できたと述べている。

大永元年（一五二一）、玉隠英璵は武蔵国久良岐郡の古刹弘明寺の篇額を書いている。このとき、すでに九十歳であった。本願は宗閑、旦那は神奈川の住人端山内匠助国重、同伴衆は慶禰・道徳・道清・道香・道覚・申房・犬子・次郎三郎・孫三郎・理阿弥・妙心・入阿弥・妙珍・善心らである。明応五年（一四九六）十一月、沙門知空は弘明寺大堂を修理する勧進状をつくり、衆人の奉加を請うている。

おそらく、そのころであろう、印融は金沢称名寺の弥勒堂を修理するため、勧進状をつくっている。鎌倉時代に北条実時《さねとき》が建てた称名寺は、金沢文庫の存在によって有名であるが、子顕時《あきとき》が釈迦堂を、その子貞顕《さだあき》が弥勒堂を建てた。ところが、「兵乱が年々に起こり、飢饉がつづき、仏法も退廃し、寺領も俗徒に奪われ、世財も凶賊に取られ」て堂舎ことごとく破壊し、わずかに弥勒堂を残すのみであった。そこで、「福貴の門は百両百尺の金絹を惜しまず、貧賤の家は一撮一文の米銭を恥じず」に寄進すれば、「利生の得益」があると、勧進状をつくったのである。

禅僧の玉隠英璵も真言僧の印融も、当代有数の文筆にすぐれた僧侶である。弘明寺大堂修理の勧進状をつくった知空も、そうした文筆僧の一人であろう。

大永三年四月、沙門徹岩は相州西郡早河庄町田村（小田原市）の願成寺再興の勧進状をつくった。鞠子河（酒匂川）と足子河（早川）の間にある願成寺は、山号を「大雄山」と称し、鎌倉公方氏満が応永三年（一三九六）に祈願所として建立した、由緒ある寺院である。前に滄海（相模灘）満々とあり、後には大山が峩々と聳《そび》え、今井・一色・小田原の風景が眼下にひろがる景勝の地にあった。ところが、「関東の一乱で、人境が変化し、ただ名ばかりのありさまとなった」ので、出家・在家の善男善女らが、一銭でも二銭でもあるいは十銭でも家の豊倹にしたがい、多少にかかわらず、五穀でなくても結構だから寄進してほしいとすすめている。このときの勧進僧は妙久であった。

鎌倉五山僧の活躍

永正六年（一五〇九）九月、古河公方政氏は、玉隠英璵を禅興寺の大勧進職に任じた。世の乱れのなかで寺領をとり戻し、寺を再興した功労によるものであった。禅興寺はかつての鎌倉十刹《じっさつ》の第一であり、同十三年には僧胝首座が同大勧進職をついでいる。

天文十一年（一五四二）閏三月には、相州山内本郷（横浜市戸塚区）の証菩提寺修理の勧進状がつくられており、「小財の輩が、一銭を寄付」する者でも三宝の加護があると書かれている。同寺は石橋山の合戦の際、身代わりとして平家方のために殺された真田余一義忠の菩提を弔うため、源頼朝が建てた古刹である。室町時代には鶴岡八幡宮の供僧が管理していた。

その鶴岡八幡宮も、頼朝が創建してから三百四十年あまり経っている。永正十七年には、廻廊、拝殿、幣殿などすべてが荒廃し、赤橋もくずれてしまっていた。そうしたとき、橋本宮内丞が材木を運び、土石を自ら築いて、他人の力を借りずに自力で赤橋を造ってしまったという。「社頭は十余年造営が行われず、言語に絶する破壊の有り様であった」鶴岡八幡宮は、瑞提点《ていてん》（提点とは寺院で年貢の勘定に当たる役）を大勧進に任じ、短期間のうちに境内の小社や鐘楼の造営を行った。さらに鎌倉中の棟別銭で造営を行うことになり、神輿以下の神宝を貴賤の人たちを招いて拝観させたところ、五月五日（端午）から十一日の間に、立錐の余地のないほど人々が集まった。

鶴岡八幡宮や鎌倉五山、十刹のような大寺院は、これまで時の為政者によって官営の工事で建物が維持されてきた。そのパトロンがいなくなると、一般の人たちからの寄付で費用をまかなわなくてはならない。その募金の趣旨を書いたのが、勧進状である。それを、当代一流の文筆にすぐれた玉隠英璵や印融が書いたのである。そのなかで、いかに当寺院が由緒ある霊験あらたかな寺であるかが、美詞麗句をならべ立てて語られている。

真名文《まなぶん》の『江島縁起』は、享禄四年（一五三一）に九州肥後国の住人乗海が書いたものであるが、彼は「廻国沙門《かいこくしゃもん》」の天台僧であった。金沢文庫に寄託されていた『大山寺絵巻縁起』は、乗真が享禄五年に書いたものである。いうまでもなく、社寺の縁起は神社や寺院の由緒、来歴をくわしく物語ったもので、その社寺への信仰を一般に伝えるために作製された。おそらく、社寺造営の勧進にあたって縁起が語られ、用いられたとみられる。享禄四、五年に、相模国でも有名な江の島弁財天や、大山不動尊の信仰を物語った縁起があらためてつくられたことは、当該社寺の造営・修理に関連してのものであろう。

昭和六十一年に、鎌倉国宝館で「鎌倉の詩画軸―室町水墨画と五山禅僧の周辺―」と題する展示会が開かれていた。同展解説目録に、「玉隠英璵と賢江祥啓、室町時代の鎌倉五山文化概説に代えて」と題した論文が収められており、詩文に明月院の玉隠英璵、水墨画に建長寺の賢江祥啓という逸材がでて、鎌倉の芸文の花が大いに咲いたと評価している。

玉隠は関東管領上杉顕定、相模国守護上杉朝良、安房国の戦国大名里見義豊、古河公方足利政氏らの有力武将と親密な交際を結び、晩年に退居した明月院には文化人らが来往し、一時は鎌倉五山文化の中心であるかのごとき観を呈した。彼と同時代の鎌倉五山の文筆僧には、竺雲顕騰、叔悦禅懌、暘谷乾幢がいたが、いずれも建長寺あるいは円覚寺の僧であった。画僧賢江祥啓は、鎌倉系水墨画の伝統に新風を吹き込み、鎌倉画壇に新境地を示し、玉隠らのグループの一員であったといわれる。

第Ⅳ部　伊勢氏から北条氏へ

第一章　相模国支配の実態

太田道灌とその一族

鎌倉円覚寺の塔頭帰源院に、叔悦禅懌《しゅくえつぜんえき》の住円覚寺諸山疏《しょざんしょ》がある。これは、叔悦禅懌が永正十七年（一五二〇）六月二十八日に、円覚寺住持一五〇世として入寺したときの諸山疏である。新任の住持が入寺するときに、それを祝って贈られるものを入寺疏《にゅうじしょ》という。このほか帰源院には、奇文禅才《きぶんぜんさい》が鎌倉深沢の大慶寺住持になったときの山門疏《さんもんしょ》、彼が円覚寺一五四世になったときの諸山疏、円覚寺一五八世の雲如梵意に贈られた江湖疏《こうこしょ》が伝来しており、いろいろなタイプの入寺疏を見ることができる。

山門疏は、入寺する寺院の僧が歓迎の意を述べたもの、諸山疏というのは鎌倉内の各寺院から、同門疏はそのことばどおり、新住持の一門の僧から、江湖疏は一般の人たちから贈られる疏文である。叔悦禅懌住円覚寺諸山疏には、建長・円覚・寿福・浄智・浄妙・禅興・瑞泉・東勝・万福・大慶・興聖・東漸・善福・法泉の各寺院が記されている。つまり、鎌倉内にあった五山・十刹の寺院の僧から贈られた形式になっている。しかし、署名したのは円覚寺前住持（一四七世）子明《しめい》紹俊《しょうしゅん》だけで、他の寺院は寺院名のみである。これに対して、奇文禅才の大慶寺山門疏は、同寺の役僧のみの肩書きになっており、彼の円覚寺諸山疏は鎌倉五山・十刹の寺院名が列挙され、建長寺住持の九成僧菊のみ署名している。また、雲如梵意の円覚寺江湖疏では寺名はなく、六人の僧たちが署名している。

太田資武《すけたけ》書状に、「叔悦和尚は道真《(太田)》の孫で、道灌の甥《おい》」であったと述べている。埼玉県比企郡川島町の養竹院には、叔悦禅懌の肖像画があるが、これは奇文禅才が賛を寄せ、それを建長寺一六九世の暘谷乾幢《ようこくけんとう》が清書したものである。そして享保元年（一七一六）に「養竹院開基七代孫」、太田尹資《ただすけ》が修理している。

太田道灌の陣屋跡碑　埼玉県川島町・養竹院

養竹院は太田資家《すけいえ》（大永二年〈一五二二年〉没）が創建した寺院で、尹資はその七代の孫であった。『太田系譜』によれば、資家は道灌の子とあるが、実際は甥で、道灌の養子になったらしい。養竹院の所在地は中世の三保谷郷で、道灌が陣所を構えた跡地に寺院を建立し、道灌の甥とされる叔悦禅懌を開山に迎えたのである。

神奈川県伊勢原市粕屋には、太田道灌の墓といわれるものが二ヵ所ある。ひとつは上粕屋の洞昌院に、ひとつは下糟屋の大慈寺付近にあり、それぞれ胴塚と首塚と伝えられているという。

大慈寺は太田道灌を中興開基、東勝周岩を中興開山と称している。周岩は、道灌の叔父叔悦禅懌師であるというから、大慈寺の中興開山は叔悦禅懌である。しかも、大慈寺はもと鎌倉にあったのを、道灌が下糟屋に移したとされる。開山は覚智で、彼は鎌倉寿福寺の塔頭乾徳開山、月山希一である。

早雲・上杉謙信の乱入と鎌倉大慶寺

天文四年（一五三五）、叔悦は八十七歳で死去したが、その場所はさきの養竹院とも、足立郡藤波村（上尾市）の密厳院ともいわれる。密厳院は真言宗の古刹であったが、明応のころに太田資家が再興し、叔悦を開山に迎えたという。かつて同院は、紺紙金泥の法華経（叔悦書写）二軸を所持していた。

養竹院所蔵の『妙法蓮華経』八巻は、文明十六年（一四八四）、叔悦が殷賢禅彭の三回忌に、供養のために書写して奉納したものである。殷賢は叔悦の師で、殷賢―叔悦の系統は、代々鎌倉深沢の大慶寺に拠った。その後、傑翁是英が円覚寺第三八世となり、寺内に帰源庵を開いた。天文十六年、北条氏康は養竹院に、深沢須崎の大慶寺の寺領に対する支配を認めている。また永禄十年（一五六七）、岩付城主太田氏資が鎌倉帰源庵の罕首座に、武蔵国比企郡八林村（川島町）の長福寺（養竹院末寺）に対する支配を認めている。これらは、帰源庵・大慶寺・養竹院が同一系統の寺院であったからである。

養竹院主の奇文禅才は叔悦の、帰源庵の罕首座＝希叟是罕は奇文の、それぞれ弟子である。鎌倉市の文化財総合調査で、円覚寺の塔頭松嶺院から奇文の頂相《ちんそう》（自画像）がみつかり、市指定文化財に指定された。永禄七年につくられたこの頂相に、奇文は希叟是罕の求めに応じて賛を加えたと書いている。前年（永禄六年）、円覚寺は山門・仏殿・開山塔以下十余ヵ所が炎上し、奇文はその復興に活躍した。

奇文は、岩付城主太田資頼《すけより》（資家の子）に請われて、岩付城下に知楽庵を開き、奇文の弟子希叟は太田氏房に請われ、養父氏資の菩提のため、小田原に広徳院を開いた。養竹院の末寺長福寺には、天正十四年（一五八六）、氏房が広徳院に長福寺の支配を認めた判物がある。このように、円覚寺の塔頭帰源庵、深沢の大慶寺、三保谷の養竹院に拠った叔悦禅懌・奇文禅才・希叟是罕は、岩付太田氏の庇護を受けていたのである。

永禄六年に円覚寺の堂宇が焼失したとき、深沢大慶寺の本尊が一時、円覚寺に預けてあったために類焼してしまった。そこで同十年、奇文は大願を発起して本尊を再興した。このときの経過を記録した銘札が、本尊の胎内から発見されている。

奇文の自筆によるこの銘札によれば、永正九年、「伊勢宗瑞〈早雲庵と号す〉」が当国に乱入して、万民が離散し、当寺の僧衆もまた同様であった。大鐘と山門の鐘は、この賊徒が木仏を焼いてとかしてしまい、村のうちでは大慶寺の総門と仏殿しか残っていなかった。その仏殿と総門も、

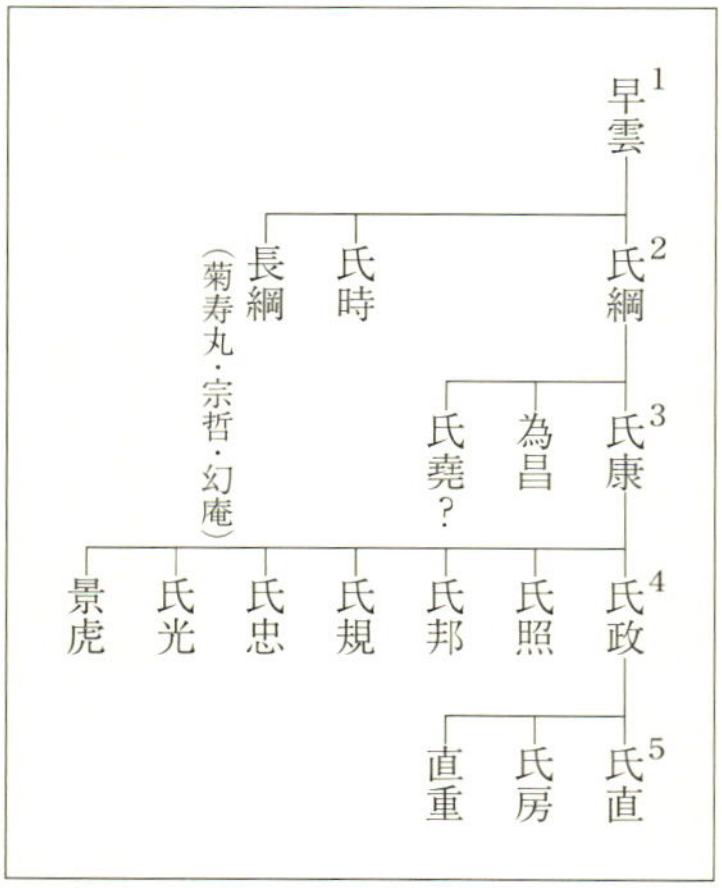

系図６　北条氏略系図

翌年八月の大風で転倒してしまい、本尊の釈迦如来と阿難・迦葉の両脇立、土地神、祖師像以下の諸像が、ことごとくくじけ損じてしまった。

そのうち、本尊の釈迦如来像の面相のみが完全に傷つかなかったのを奇瑞として、村民が合力出資してこれを修復し、ささやかな茅堂を立てて、これを安置した。ところが、永禄四年に越後国から長尾景虎（のちの上杉謙信）が鎌倉に乱入したので、本尊を円覚寺の仏殿に預けた。それから三年後の永禄六年十二月二十七日に、にわかに火がおこって一瞬のうちに円覚寺の山門・仏殿・開山塔以下十余ヵ所を焼きつくしてしまい、預けてあった大慶寺の本尊も焼けてしまったという意味のことが書かれている。

北条早雲や上杉謙信が鎌倉へ乱入したときの様子と、それを迎える鎌倉の人々の気持ちがよくうかがえる、貴重な史料である。

玉縄城主の北条氏時・為昌

早雲は、鎌倉に近い玉縄の地に城郭を築き、相模川以東の相模国支配に当たったが、この玉縄

城を子氏時《うじとき》に守らせた。『北条系図』には、

氏時　左馬助　玉縄殿と号す。二男氏時は駿河竹之下の住人葛山備中守が養子なり。これにより駿河に留り、今川殿に仕ふ。

とある。氏時の養父とされる葛山備中守は、駿河国葛山（裾野市）を本領とした大森氏の同族で、早雲が伊豆国へ入部したとき、これを支援した。そうした関係で、葛山備中守の娘は早雲に嫁し、長綱（菊寿丸・幻庵）が生まれている。

早雲の子には氏綱、氏時、長綱がおり、このうち氏時が玉縄城を預かったのである。これまで、氏時に関する史料は、藤沢市渡内の二伝寺に伝わった享禄二年（一五二九）の氏時禁制の写しのみであった。そしてその没年も、天文十一年説と享禄四年説があって、はっきりしなかった。また、葛山備中守の養子になったということから、葛山氏堯《うじたか》は氏時と同一人で、のち氏堯と名をあらためたとされてきた。『藤沢市史』も、ほぼこの説によって氏時を説明している。しかし、『藤沢市史』も述べているように、氏時と氏堯の花押は異なっており、両者を同一人とすることはできない。

なお、氏時が葛山家に養子に入ったというが、氏時の弟長綱についても、『北条系図』には「長綱　葛山三郎　後に北条氏に復す　出家ののち幻庵と号す」とあり、長綱もはじめ葛山を称したらしい。

氏時が玉縄城主であったことを推定させるのが、氏時が祈願所として同城内に創建した円光寺

蔵の毘沙門天像の頭内銘に、「享禄二年十月吉日、檀那北条新六郎殿氏時」とあることである。氏時について、有光友學氏は静岡県の三島大社所蔵文書の、享禄二年五月十二日付けで同社護摩堂の陣僧に飛脚役を免除した判物の氏時の花押が、二伝寺文書の氏時禁制の花押と一致することを明らかにした。彼がのちに葛山氏堯を称したというが、そのことを証する文書はほとんど享禄二年以前のものであるから、氏時と氏堯は別人ということになる。

氏時のあと、甥の為昌《ためまさ》（氏綱の次男）が玉縄城主となり、天文初年の鶴岡八幡宮造営には、兄氏康とともにしばしば鎌倉を訪れている。このことからも、氏時は天文十一年ではなく、享禄四年に死んだとするのが正しいであろう。なお、為昌は天文十一年に早死にしてしまい、法名を本光院殿といった。『小田原衆所領役帳』に「本光院殿衆知行方」とあるのが、為昌の家臣のことである。そのうちに、

一　宅間殿

弐百五拾貫文　　東郡　　永谷

五拾貫文　　久良岐郡　　長田（肥田中務丞）

以上三百貫文　普請役はこれあり、出銭その外の御用のときは御直書をもって仰せらるべし

とある宅間殿とは、宅間上杉氏を指す。同氏は山内・扇谷両上杉氏の同族で、鎌倉宅間谷（十二所）の報国寺を氏寺とした。宅間殿の知行地東郡永谷は、横浜市戸塚区・港南両区にかかる地域で、江戸時代の永谷上、同永谷中、上・下柏尾、平戸、品濃、前山田、後山田、秋葉、名瀬、阿久和、

上野庭の各村を含んだ広大な地域で、長田はそれに隣接している。ここは宅間上杉氏が、鎌倉幕府滅亡後、足利氏が関東を支配してからほぼ二百年間にわたって支配していた。その宅間上杉氏が、玉縄城主為昌に属していたのである。

上杉乗国の墓　横浜市・徳翁寺

早雲に属した宅間上杉氏

高野山櫻池院に所蔵されている鎌倉（古河）公方家の過去帳、『鎌倉御所方過去帳』の冒頭に、「勝楽院殿貴山胤公大禅定門（相州永谷上杉殿・享禄三庚寅年二月廿八日）」とある。勝楽院殿貴山胤公は、先の宅間上杉氏であることはいうまでもない。

『寛政重修諸家譜』に『宅間家譜』が収められており、それによると、乗国の子憲方《のりまさ》に「胤公貴山」と法名が記されている。つまり、右の過去帳に見える「相州永谷上杉殿」とは、上杉憲方のことである。家譜には、憲方は「相模国山内の庄において乗国山徳翁寺を建立」したとある。徳翁寺は、ＪＲ横須賀線の東戸塚駅からほど近い、戸塚区川上町に所在する寺である。同寺の開基は養光院殿徳翁見公で、俗名は乗国といい、憲方の父で、寺伝では大永元年（一五二一）七月十日に死んだという。つまり、憲方は父乗国の菩提を弔うために、乗国を開基として徳翁寺を創建したのである。

宅間上杉氏は、おそらく乗国のときに北条早雲に属するようになったと思われる。そして、その子憲方は玉縄城主氏時に属し、氏時とほぼ前後して死去した。乗国は、早雲が永正九年（一五一二）に鎌倉へ入部する少し前、明応二年（一四九三）に永谷上村の天神社社殿を造営した（横浜市営地下鉄永谷駅の近く）。『新編相模国風土記稿』は、この乗国について、「当国八郷を領し、永谷郷に居城せし」としている。

徳翁寺は曹洞宗であり、能登国普蔵院の末寺であった。開山は如幻宗悟で、如幻は同寺を創建した上杉憲方と同じく享禄三年に没した。如幻は藤沢市遠藤の宝泉寺をも開いている。寛永十年（一六三三）の『宝泉寺末寺帳』によると、同寺は相模・武蔵・下総各国で、実に百ヵ寺を超える末寺を有していた。明治十二年に作成された遠藤村の『皇国地誌』に、宝泉寺は、

仙波土佐守は北条相模守《（氏政）》の家臣で、本国橋沢村の城主なり（これは相模国大住郡橋沢村＝平塚市吉沢のことであろう）。支城を本村の字城山に築き、その弟仙波某をしてこれを守らしむ。のち兄弟ともに仏に深く帰依して、遂に弟某は剃髪して、如幻宗悟と号し、その城地（その昔城地たること今よって見て知るべし）に一宇を開立し、土佐守の法諡を玉雄宝泉と号するをもって、玉雄山宝泉寺と称すという。先に本村の地の若干を土佐守寄付せしにより

とある。つまり、如幻宗悟は仙波土佐守の弟であるというものである。

しかし、『日本洞上聯燈録』では菅原姓で、尾張国の人としている。兄仙波土佐守は、『小田原衆所領役帳』に宅間殿（上杉氏）と同じく本光院殿（北条為昌）衆知行方であった仙波藤四郎と同族で、御馬廻衆の仙波弥七郎ではなかろうか。仙波弥七郎は、「卅貫文東郡打戻《うちもどり》」を所領としていた。打戻は遠藤に隣接しており、山口金次氏は、「大日本国相模州大庭庄打撒（戻か）郷遠藤村」とある史料を紹介している。つまり、遠藤村は打戻郷のうちであったということになり、打戻の領主仙波土佐守が土地を寄付し、弟の如幻宗悟が創建したのが宝泉寺であるというものである。

皇国地誌で、宝泉寺は「本村の西南西字窪なる城山にある」とするが、現在は字谷ノ上にある。以前は、市道大庭獺郷線をへだてた南側の字窪前田にあったが、関東大震災で倒壊し、現在地に移建されたものである。

太田宗真と道灌との関係

享禄三年（一五三〇）、如幻宗悟は能登国総持寺の塔頭普蔵院で死んだ。宝泉寺は総持寺の直末で、本寺の住職を輪番で勤める格式のある寺であった。徳翁寺は普蔵院の末寺で、享禄三年十一月五日付けで如幻宗悟が徳翁寺現住舜養に宛てた、「末孫のために書き置き候事」と題する置文写しが、宝泉寺に伝来する。「普蔵院現住宗悟叟」と署名しており、如幻は置文を書いた十五日後に死去した。

内容は、普蔵院主を舜養に譲るというものである。舜養は徳翁寺二代で、興山舜養と号した。戸塚区岡津町の永明寺は、興山の開山である。同寺の本尊聖観音菩薩像が納められた厨子の底板裏に、

大田越前入道宗□(真)
岡津山永明禅寺納□
□□時天文十一癸寅歳

とあり、開山興山舜養（天文二十三年死去）のころ、太田宗真が永明寺に納めたものであることがわかる。『小田原衆所領役帳』によれば、北条氏家臣であった江戸衆の太田大膳亮の知行地に、「卅七貫文　東郡岡津」とあるのがそれで、大膳亮は宗真の子と推定される。

『戸塚区郷土誌』によれば、永明寺は江戸城主であった太田道灌が創建し、小田原北条氏時代は、岡津郷領主太田宗真の外護を受けたという寺伝が紹介されている。これからすると、宗真は道灌の子孫のように思われるが、天文十九年に北条氏康が伊豆国走湯山東明寺（熱海市伊豆山神社の旧別当）に納めた梵鐘銘に、氏康、江戸城代遠山綱景《つなかげ》と並んで「太田越前守三善宗真」の名が刻まれている。この梵鐘は、鎌倉時代の末に鎌倉浄智寺に納められたが、氏康はこれを伊豆山神社の別当寺（東明寺）へ寄進してしまったのである。ここに追銘された銘文から、太田宗真が三善姓であることがわかる。道灌の一族は源三位頼政の流れをくみ、源姓を称していた。よって、宗真は道灌の一族ではない。

しかし、宗真はその子大膳亮が江戸衆とされ、江戸領に多くの知行地を持っていたように、江戸城主に仕えた。事実、天文十三年に連歌師宗牧《そうぼく》が江戸城に城代遠山綱景を訪れた際、宗真は城内で連歌会を興行している。江戸城下の貝塚にある青松寺は、太田道灌が創建したと伝えられる寺院であるが、のちに宗真が再興したという。これからして、宗真の一族は古くから江戸の地にあって、江戸城主太田道灌に仕えたことがあったかと思われる。そうした由緒を持つ宗真に、東郡岡津の地が与えられたのである。

如幻宗悟の同族とされる仙波氏は、天文初年に北条氏綱が行った鶴岡八幡宮の祭祀で、仙波肥前入道が奉行を勤めている。仙波氏の家譜に、仙波肥前守は久種《ひさたね》といい、土佐守次種《つぐたね》はその子と見える。仙波氏は武蔵村山党の出自を称している。つまり、太田道真・道灌父子が江戸・岩付両城とともに築いた武蔵国の河越城下の仙波郷を本貫地とし、扇谷上杉氏の家臣で、河越城を守った太田氏に属していた。その仙波氏が、小田原北条氏にしたがうようになったのである。

次種は北条氏の家臣布施康貞《やすさだ》の次男で、久種の養子となり、北条氏政に仕えて遠藤に住み、文禄四年（一五九五）八月十六日、六十六歳で死んだ。法名を玉断（玉幽）といい、宝泉寺に葬ったと家譜にある。とすると、次種が生まれたのは、如幻の死んだ享禄三年ということになる。もし、次種が宝泉寺を創建したとすれば、如幻の弟子碧岑東全が事実上の開山で、師如幻を請じて開山としたのではないか。あるいは、宝泉寺を創建したのは次種の養父肥前守久種ということも考えられる。

皇国地誌は、土佐守次種を吉沢村の領主としているが、同地の領主は次種の父康貞である。康貞は同地に松岩寺を創建し、如幻宗悟を開山に迎えた。

早雲に通じていた本覚寺

北条早雲が永正九年（一五一二）八月に鎌倉を制圧し、初めて鎌倉内の社寺に発した文書は、同十一年十二月に本覚寺に宛てた制札である。小町の夷《えびす》堂橋わきにある本覚寺は日蓮宗の寺で、開山の日出は「永享の法難」で知られている。日出は鎌倉宝戒寺の天台僧心海と法論をしてこれを論破し、そのことから、鎌倉公方持氏は鎌倉内の日連宗寺院をとりつぶし、僧俗すべてを罪科に処せんとした。信徒はこの弾圧に一致団結して抵抗し、法難をのがれることができた。むしろこの事件を契機に、当地の日蓮宗はますます発展したのである。

日出ははじめ、伊豆国三島に本覚寺を創建し、のちに鎌倉の日蓮ゆかりの夷堂の地に本覚寺を開いたのである。そうしたことから、長禄三年（一四五九）の没後、そのあとをついだ日朝は、三島・鎌倉の両本覚寺を管掌した。寛正二年（一四六一）、日朝は甲斐国身延山第十一世となり、鎌倉本覚寺に日蓮の遺骨を分骨し、ここを東身延とした。日朝は相模国内の妙昌寺（厚木市）、妙蔵寺（伊勢原市）、海源寺（海老名市）などの開山ともされている。明応九年（一五〇〇）に七十九歳で没したが、身延門流を鎌倉や相模国内へ広めた功績が特筆される。

鎌倉本覚寺に、開山日出の書き写した『開目抄』と日朝書状二通が伝来している。その一通は、本覚寺大浄房に与えたものであるが、内容は、「身延から鎌倉への往返の場所は、日出が信徒を開拓したところである。相模国三浦郡・武蔵国出沢ならびに恩田は、日出の労によって門徒がいまに連続している。僧俗の喜捨は、有識房帳によって本山身延に注進すること。本覚寺大浄房を関八州の僧録とする」というものである。

武蔵国「出沢」とは、中世の鎌倉街道の要衝で古戦場であった、旧多摩郡本町田村の小字井出沢（町田市）のことである。恩田は旧都筑郡恩田村（横浜市緑区）のことで、三浦一帯から鎌倉付近にかけて、日出が布教をして信徒を開拓したのである。三島本覚寺にも、明応九年に日朝が三島両寺真俗中に宛てた書状があり、内容は本行寺と本覚寺を合併して一院とし、行覚院覚林房日堅に申しつけたというものである。

明応九年、早雲は行覚院日堅に宛てて、飛脚・諸役を免除するという判物を与えた。永正十一年に早雲が鎌倉本覚寺へ下した制札は、陣僧・飛脚・諸公事を免除したものであった。早雲が他の寺社に先がけて、本覚寺へこのような制札を下したのは、伊豆三島の本覚寺を通して、早くより早雲に通じていたからであろうか。

翌十二年二月、早雲は鎌倉三ヵ寺の行堂に対して諸公事を免除した。この三ヵ寺は建長寺、円覚寺、東慶寺のことである。同判物は日付の下に子氏綱の花押があり、早雲は文書の袖に花押を据えている。

早雲・氏綱父子は、永正九年に相模国中郡、東郡へと進出したころから、連名で文書を出すよ

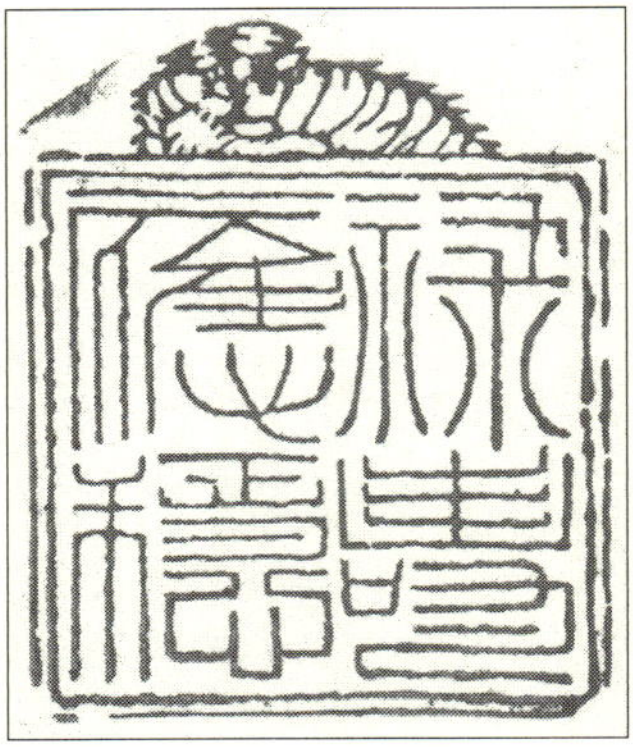

北条氏が使用した虎の印判

うになった。これは、早雲の家督を継ぐ者に権力を集中させるために行われたと理解されている。早雲が氏綱に正式に家督を譲ったのは、永正十五年といわれる。

虎の印判状と「調」の印判状

永正十五年（一五一八）十月八日、伊豆国木負《きしょう》の百姓中と代官山角・伊東両氏に宛てて印判状が与えられた。日付の上部に大きな「虎の印判」が押されているが、これが有名な北条氏の家印であり、右の文書は、虎の印判状として現存する最古のものである。印判状が出された二十日後の十月二十八日、鎌倉鍛冶に宛てて「調」の一字が刻まれた印判状が出されている。

虎の印判は縦・横七・五センチの角印で、上に虎がうずくまった姿がすえられ、印文は「禄寿《ろくじゅ》応穏《おうおん》」の四字である。調の印判は縦・横二・九センチの角印で、この二つの印判は、ともに北条氏滅亡まで四代にわたって使用された。

印判状は早雲の甥、今川氏親が初めて用い、次いで早雲と、この時代に東国の戦国大名があいついで用いた。やがて織豊期になると、畿内から西国にまで用いられるようになった。その意味で、北条氏の印判状は今川氏に次いで早い時期の使用ということになる。

永正十五年の虎印判状は、はじめに「同年九月に仰せ出された御法の事」とあるように、前月に公布された法であった。内容は、

①竹木・漁師（船での運送）・美物（魚介）、大普請以外の人足など物や人の徴発は、この虎印判を押した文書を用い、郡代・代官を通じて行うこと。

②虎印判がなければ、郡代・代官から命ぜられてもこれに応ずる必要がない。もし勝手に命令する者があったら直訴せよ。

というものであった。つまり、それまでは郡代や代官が勝手に百姓たちを使っていたが、それを禁止したのである。とくに注目されるのが、虎印判状が村の領主に宛てて出されたものでなく、百姓に宛てて出されていることである。これより、北条氏は百姓を直接支配しようとしたことがわかる。

虎印判状と同時に使用された「調」の印判の初見は、同年（永正十五年）、鎌倉鍛冶に宛てた印判状であった。

調（朱印）　鍛冶门

用の子細を申しつける事これあれば、この印判にて申しつけるものなり、用々の者に相渡すべきものなり、件のごとし

永正十五戊刁十月廿八日　　　後藤（花押）

関（花押）

内容は、用事をいいつけるときは、この印判で命ずるというものである。「調」の印判に関する文書を出した後藤・関両人のうち、後藤は同十七年に、次の証文を鎌倉報国寺に差し出している。

　宅間報国寺敷地のことは先規のごとく御寄進候、自然横合の儀、これあるべからず候、よって後日のため件のごとし、

　　永正十七庚辰五月廿三日　　　　後藤孫次郎繁能（花押）

　報国寺

報国寺は室町時代まで、宅間上杉氏の氏寺であったことはすでに述べたが、その報国寺の敷地を安堵した後藤繁能は、享禄四年（一五三一）、鎌倉材木座にある光明寺所蔵の阿弥陀像を修理した旦那、後藤善衛門能繁（繁能の誤りか）と同一人物である。

後藤繁能は、「鎌倉険《（検）》断」であった。繁能はのちに鶴岡八幡宮の奉行を勤め、同宮の前庭に桜を植え、田を一か所寄進するなどしている。また、天正十五年（一五八七）の鎌倉建長寺の寺領坪帳奥書に、「後藤若狭守が鎌倉小代官のときに書き渡すなり。庚辰《（永正十七年）》九月廿日建長寺納所へ参り書き与えた。若狭守の判これあり」とあり、永正十七年ごろ、後藤若狭守は鎌倉小代官であったことがわかる。

天文十六年（一五四七）には、北条氏康が鎌倉内の長谷寺・宝戒寺・円覚寺・天寧寺・浄智寺・報国寺・大巧寺・安養院・本覚寺・明月院等へ、一斉に寺領安堵状を与えている。そのなかで、すべて「永正十七庚辰歳の落着の旨に任せて」と、その根拠を書いている。鎌倉小代官の後藤若

狭守が、寺領のことで建長寺納所へ書き与えたというのも、このときのものである。同年、後藤繁能が宅間谷の報国寺敷地を安堵した証文を与えたのも、これと同様の行為で、若狭守は繁能と同一人であったかもしれない。

なお、永正十七年二月、北条氏綱は早雲と同文の制札を鎌倉本覚寺へ下しているが、同月、大道寺盛昌《もりまさ》も同寺へ制札を下している。内容は、「代官より他から諸役を課する輩があったら代官へ届け出よ。当寺は諸役を停止しているので、御用のあるときは、この判形をもって定める」とあるので、盛昌は鎌倉代官であったことがわかる。

建長寺住持暘谷の文芸交流

永正十二年（一五一五）、正寿なる人物が、「那瀬村」内の経田《きょうでん》の年貢を報国寺本尊の御影仏餉料に寄進した文書が伝来する。那瀬村は永谷八郷内にある村であり、寄進状は同寺住持の暘谷乾憧に宛てられている。

暘谷は、のちに建長寺第一六九世に出世したが、報国寺にはそのときの入寺山門疏が伝来する。それには「前禅興暘谷禅師」とあるように、報国寺のあと鎌倉山内の禅興寺住持となり、建長寺へ入ったのである。山門疏は、そのとき建長寺の僧たちが暘谷を迎えるためにつくった疏である。天文二年（一五三三）、暘谷は弟子洋乎乾榮に報国寺住持職を譲っているので、永正十七年当時は、なお同寺住持を兼ねていたことがわかる。報国寺は暘谷の頂相（肖像画）を所蔵しているが、これは天文二年に洋乎が作り、師暘谷に賛を加えてもらったものである。

暘谷は、太田道灌の一族、叔悦禅懌の頂相にも賛を加えている。暘谷は叔悦や明月院の玉隠英璵とも文学上の交流があり、詩集一巻を撰述している。弟子の明甫はこれを持参して上洛し、建仁寺一華軒に月舟寿桂を訪れた。月舟の詩文集『幻雲文集』に、彼が暘谷の詩集に寄せた跋文《ばつぶん》が収められている。それによれば、「伊勢（北条）氏綱公をもってその轂《こく》を推す」とある。つまり、氏綱の推薦を受けていたのである。

藤沢市大庭の宗賢院は、永正年中、虚堂玄白を開山として創建された曹洞宗の寺院であるが、同院に天文二年、暘谷が賛を加えた虚堂寿像画があった。暘谷はこの年に死去している。

鎌倉代官大道寺氏と奉行人

『小田原衆所領役帳』に、「大道寺」の知行地が書き上げられている。伊豆国をはじめ、相模国西郡・中郡、それに武蔵国河越など千二百十二貫文の貫高で、北条氏の家臣でも大身であったことがわかる。

つづいて、「後藤備前守」の知行地が書き立てられている。東郡芹沢（茅ヶ崎市）と武蔵河越、それに「この他九十五貫二十五文　鎌倉地方にて下さる。鶴岡の社役をいたすにつき、前々より知行役はなし」とあり、備前守は鎌倉内で大きな知行地をもち、鶴岡八幡宮の社役を勤めていたので課役を免除されていたようである。彼は、鎌倉代官大道寺氏のもとで、小代官であった後藤書出で、「小代官後藤右近尉」と述べている。天文十九年（一五五〇）、大道寺盛昌は鎌倉浄智寺の開山塔、蔵雲庵に宛てた書出で、「小代官後藤右近尉」と述べている。

盛昌のあと、鎌倉代官となった大道寺周勝《かねかつ》は、鎌倉内の浄智寺、浄妙寺、大巧寺、補陀洛寺へ宛てた書状で、「寺内修理のため、新たに寄進することについて、使者として後藤右近（将監）をつかわした」と述べている。後藤右近将監とは、先の後藤右近尉と同一人物ではなかろうか。鎌倉扇谷の後藤家に伝来した文書に、永禄元年（一五五八）、古河公方足利義氏が鶴岡八幡宮へ参詣することにつき、北条氏康は後藤右近丞と蔭山長門入道にその準備を命じたとある。

蔭山長門入道は名を家広《いえひろ》といい、天文十八年に北条氏康が鶴岡八幡宮境内の法度《はっと》を定めた際、大道寺盛昌・太田正勝《まさかつ》とともに、奉行として名を連ねている。ここから、蔭山氏も後藤氏とともに鎌倉内の奉行人であったことがわかる。なお、氏広は鎌倉山内に屋敷を構えている。

天文十三年に連歌師宗牧が鎌倉を訪れた際、北条氏康から宿所の手配を命ぜられたのは後藤氏であった。同氏はまた、宗牧を案内して鎌倉の社寺や名勝をめぐり、宿所へ入った宗牧のところへ、蔭山藤太郎が「明日連歌会を開きたいので、ぜひお越しいただきたい」と懇望している。鶴岡八幡宮の造営記録に、蔭山藤太郎が太田又六（正勝の子）、後藤惣左衛門尉とともに造営奉行を勤めていたことが見え、藤太郎は図書助の子で、父図書助も同奉行の一人であった。宗牧は、蔭山氏からのもう一日滞在するようにとの要請をふり切って、鎌倉を出発したことが、『東国紀行』に見える。

蔭山氏の系図によると、室町中期の広氏《ひろうじ》が鎌倉公方足利持氏の七男で、永享の乱（一四三七）で父持氏が自害したとき、広氏は乳母に抱かれて伊豆国へ隠れ、外縁の蔭山氏に育てられたという。『小田原衆所領役帳』に、小田原衆として蔭山刑部左衛門が見える。彼は伊豆国原木《ばらき》内で百貫文を知行しているが、家広の子忠弘《ただひろ》のことである。永禄五年（一五六二）、父家広は東郡岩瀬郷内の地を鎌倉円覚寺の塔頭富陽庵へ寄進した。ところが翌六年、同庵が炎上したとき寄進状も消失してしまった。そこで翌七年、家広の後家心江妙悟はあらためて同庵に証文を与えている。

富陽庵は、関東管領であった上杉朝宗《ともむね》が開いたという。家広の後家、心江妙悟は朝宗（犬懸上杉氏）の一族といわれる。家広の代官として小沼氏がおり、また、家広とともに鶴岡八幡宮造営の奉行人の一人であった後藤善右衛門尉の「小使」でもあった。

蔭山氏の屋敷は鎌倉山内にあったが、天正十六年（一五八八）、忠広の子氏広《うじひろ》は同屋敷を肥田越中守に売り渡している。某年、鎌倉の番匠源左衛門は、三浦郡内で矢来《やらい》（竹や丸太を組んでつくる囲い）をつくるよう命ぜられ、その作料を肥田助七郎から請け取るように指示された。鎌倉・東郡・三浦郡を支配した北条為昌の被官として宅間上杉氏がおり、『小田原衆所領役帳』には、その知行地武蔵国久良岐郡長田に「肥田中務丞」の註記がある。天正十八年、徳川家康は新見正勝に所領を与え、正勝は北条氏直の家臣肥田山城守に旧領の品濃、山田両村を給与した。この両村も、宅間上杉氏の所領であった東郡永谷（八郷）のうちである。つまり、肥田氏は宅間上杉氏の古くからの家人で、主家から領地内の長田や永谷内の一部を与えられていたのである。その肥田助七郎から、鎌倉番匠（大工の棟梁）は作料をもらうよう指示されたのである。

　天文初年の北条氏綱による鶴岡八幡宮造営の際、肥田助次郎はその奉行人を勤めている。このとき、同宮の供僧浄国院は「一臈《いちろう》の役」にあり、同院主は尊純《そんじゅん》であったが、彼は宅間上杉氏の出身であった。尊純の前に同院にあった融尊も、上杉規富の兄弟である。『快元僧都記』に「盛昌《（大道寺）》ノ代官上杉」とあるのは、尊純のことであろうか。なお、肥田氏は室町時代に、鶴岡八幡宮の供僧領で代官を勤めている。

鎌倉小代官を勤めた後藤氏

　佐藤博信氏は、大道寺盛昌のもとで鎌倉小代官を勤めた後藤氏はもとから鎌倉にいて、北条氏が鎌倉へ入ってから、同氏を小代官に取り立てたのではないかという。同家に、北条氏が鎌倉から小田原までの宿中に宛てた伝馬手形があり、そこでは「仏師」を召集したので、伝馬一疋を出すようにと命じている。後藤氏の文書を伝える鎌倉扇谷の後藤家は、江戸時代に仏師（仏像をつくる職人）であったとしている。

　それは、同家に伝わる北条家印判状が宛てられた蔭山長門入道、後藤右近丞のうち、後藤が同家十二世の「後藤右近宗琢」であるというものである。同家は運慶《うんけい》の末孫を称しており、宗琢は同家系図に「宗琢法眼・上総」とある。神奈川県指定文化財である江島神社所蔵八臂弁才天像は、永正十年（一五一三）に「仏所上総」が彩色したもので、上総法眼は、大永四年（一五二四）に竜華寺（横浜市金沢区）蔵の地蔵菩薩像を造立している。また、天文八年（一五三九）には、普済寺（東京都立川市）にある釈迦如来像を再興し、その胎内銘に「仏師上総法眼宗琢」とある。宗琢はまた、天文十八年に大長寺（鎌倉市岩瀬）蔵の北条為昌夫人朝倉氏坐像をつくっている。

　このように、永正十年から天文十八年にかけて、さかんに仏像や肖像の製作や修理をしている宗琢は、同家系図によれば、弘円法眼の子とされている。弘円は、永正年間に下野法橋《（眼）》と称して、さかんに仏像の修理、造立を行っている。しかし、弘円・宗琢ともに後藤を称したという確実な証拠はない。おそらく仏師の宗琢は、鎌倉小代官であった後藤氏とは別ではなかろうか。

「鶴岡（八幡宮）の社役」を勤めていたので、鎌倉内で与えられた九十五貫文余の知行地については課役を負担しなかった後藤備前守は、東郡芹沢（茅ヶ崎市）に知行地を有していた。同郡寺尾（おそらく綾瀬市）で二十貫文の地を与えられた後藤彦三郎は、『小田原衆所領役帳』では小田原衆とあるが、右の備前守と同族であろう。

　役帳に、彦三郎と並んで記載されている渡辺弥八郎は、伊豆国仁科郷を知行地としている。静岡県田方郡の旧中郷村渡辺家に、渡辺孫八郎に宛てた北条家朱印状が伝えられている。内容は、仁科郷からの陣夫に代えて、前々から後藤彦三郎が召し使っている陣夫を与えたもので、武蔵国久良岐郡富岡・大岡郷（横浜市磯子区、南区）からの陣夫であった。朱印状にいう仁科郷は、渡辺弥八郎の知行地であったから、先の孫八郎と弥八郎は同一人とみることができる。おそらく孫、弥いずれかが誤っているのである。実は、役帳の「仁科郷」のところには、「今は公方領」

と書かれており、仁科郷が公方領（北条氏の直轄領＝御領所）になっていたのである。

仁科郷は、静岡県賀茂郡松崎町一帯を指している。同町浜にある三島神社の棟札（大永二年〈一五二二〉）に、「仁科庄本郷地頭渡部弾正忠御代官須田対馬」とあり、大永二年当時は渡辺氏の領地であったことがわかる。ところが、天正十七年（一五八九）の棟札では、地頭が北条氏規《うじのり》になっており、須田氏は氏規の代官であった。つまり、仁科郷が北条一族によって直接支配されていたことがわかる。

後藤備前守と同じく大道寺氏に属した後藤助次郎は、『小田原衆所領役帳』によると、やはり東郡「俣野開」を知行地としている。俣野開は、同役帳の馬廻衆として見える坂田某の知行地「西俣野開」と同じ所であろう。とすると、藤沢市の大字西俣野のことである。「開」とは開発、開墾など土地を切り開いたところを指している。俣野は鎌倉時代には俣野郷といわれ、伊勢神宮領の大庭御厨に属した古い土地である。同じく大道寺氏に属した新藤下総守の知行地東郡大場向俣野とは、大庭《場》（藤沢市）の境川をへだてた対岸、東俣野（横浜市戸塚区）を指しているものと思われる。

このように、大道寺氏の小代官を勤めた後藤氏の一族は、相模国東郡内の郷・村を知行地として与えられた。新藤下総守（大場向俣野）、石川衆四人（石川）、吉田又三郎（香川）、山中彦八郎（一宮内倉見）、山中内匠助（海老名）、山中孫七郎（海老名）など、いずれも後藤氏と同様に大道寺氏に属して、東郡内で知行地を与えられている。

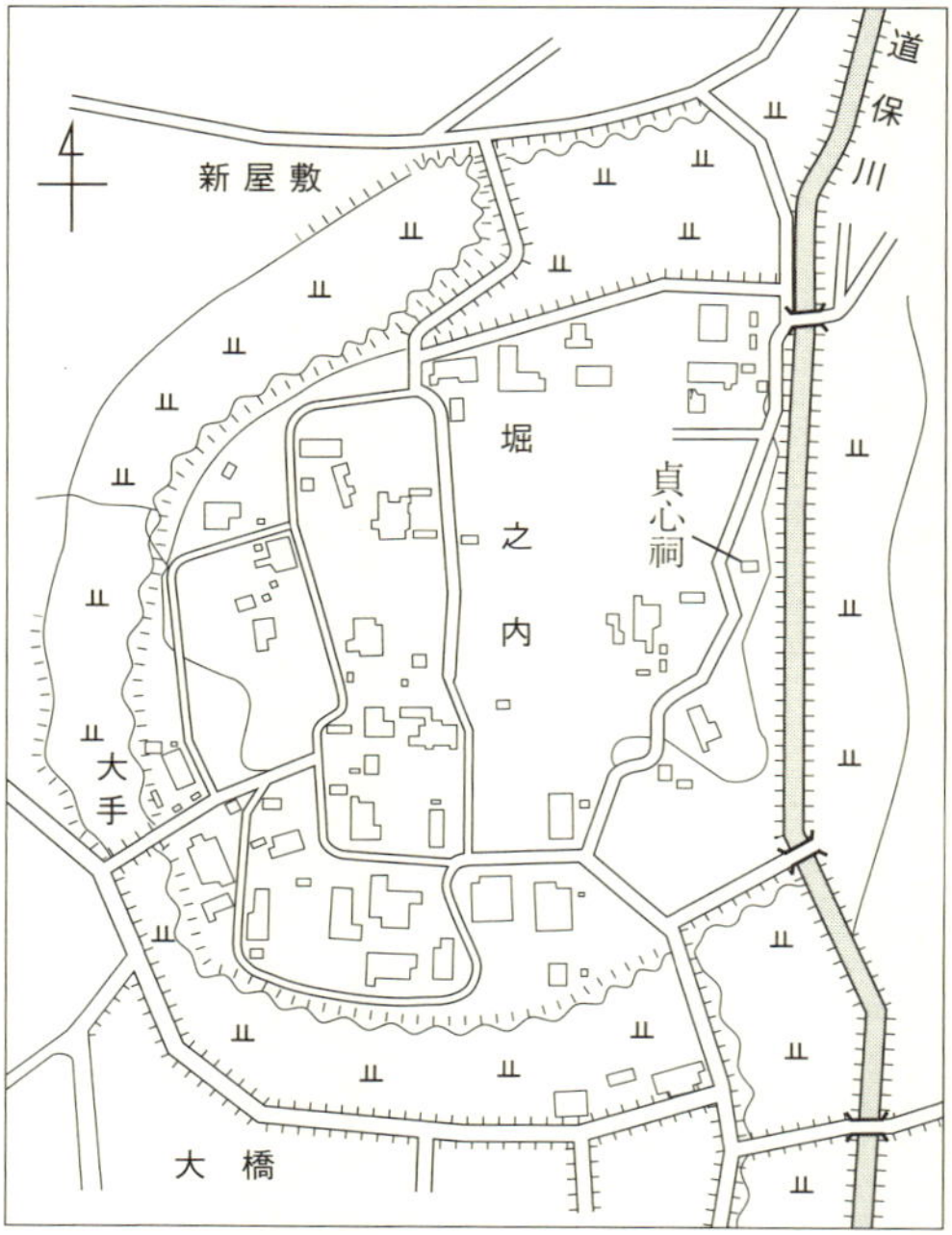

図７　伝山中大炊介居館跡

北条五代に仕えた山中氏

北条氏の代官として鎌倉支配をおこなった大道寺氏に属した者のなかに、山中内匠助、山中孫七郎がいる。二人は東郡海老名（海老名市）を所領としており、両者を合わせると、海老名の貫高は五二一貫文余である。これは、松田左馬助の西郡苅野庄（南足柄市）の千二百貫文余は別として、遠山丹波守の所領中郡金目郷（平塚市）に次いで大きな貫高である。次いで、玉縄城主北条綱成の東郡村岡（藤沢市）四五八貫文余である。両山中氏は、『小田原衆所領役帳』の成立した永禄二年（一五五九）から十余年以前（天文初年）に、すでに海老名を所領としていた。役帳に油井領とある「東郡　溝上下」（相模原市）に、「今ハ中山彦四郎」とある。相模原市下溝の天応院にある記録には、天正十六年（一五八八）、北条氏照の娘が山中大炊助に嫁して、化粧料に上溝・下溝両村が充てられたとある。「油井領」とは、北条氏照の所領を指している。同院過去帳は、山中大炊助を「慈光院殿松岸永秀居士」としている。『山中家譜』には、頼元が大炊助で、「栄周」を号したとある。永秀＝榮周であろう。つまり、氏照の娘を妻とした山中大炊助は、この頼元である。

「中山彦四郎」とは、山中彦四郎の誤りであろう。『山中家譜』では、頼次が彦四郎を称しており、頼次の子が頼元である。すなわち、山中氏は頼次のころから上溝・下溝を所領としたのである。

天文九年（一五四〇）、山中大炊助は造営中の鶴岡八幡宮に神馬・太刀を寄進した。そのころ、鎌倉能成寺は「山中近江屋敷」を寺領としていた。同家の家譜によると、山中頼次の父氏頼は近江守を称し、北条早雲に仕えたという。氏頼の屋敷は鎌倉にあった。『鶴岡御造営日記』によると、山中近江守はそのころ同宮の築地修理を分担している。

山中内匠助、同孫七郎とともに大道寺氏に属した山中彦八郎は、東郡一宮内の倉見（寒川町）を知行していた。同所には相模国一宮（寒川神社）が所在し、その社領であったところである。戦国時代にも、北条氏は一宮の社領として、同宮供僧（一宮に仕えた社僧）に一宮内で二七貫文の所領を与えている。さらに、一宮内の知行地を与えられたのは、福岡十兵衛（山中寄子）・福岡平三（富塚寄子）・行谷藤五郎（南条寄子）である。彼ら寄子たちの寄親は、山中彦十郎・富塚善四郎・南条玄蕃助である。山中・富塚・南条らは、いずれも東郡から鎌倉、三浦郡へかけて相模国東部を支配した玉縄城主北条氏時・為昌に属していた。なお、山中彦十郎は東郡谷畑（茅ヶ崎市）を知行している。

『新編相模国風土記稿』によれば、高座郡下鶴間村（大和市）に「山中修理亮貞信畳蹟」があると記されている。貞信は北条氏の家臣で、天正年間はここに住んでいたという。また、『新編武蔵風土記稿』に、下鶴間村の境川をへだてた対岸、武蔵国多摩郡鶴間村（町田市）の円成寺を開いた空存（天正十二年没）は、山中修理亮という北条氏の家臣であったと伝えている。永禄四年、武蔵国品川郷（品川区）の妙国寺に禁制を下した北条氏の奉行人に、山中修理亮が見えている。

その頃であろう、北条氏康は、内藤氏のひき連れた二十騎衆が藤沢（藤沢市）から三浦口（三浦市）へ到着し、「宝蔵寺」へ移って山中修理亮と相談し、同氏から兵粮米を三崎で受け取れと命じている。三崎（三浦市）の城山は「宝蔵山」といわれ、宝蔵寺は三崎城のことである。先の山中彦十郎は、この三崎内を知行しており、のちに修理亮を名のったのであろう。天文七年、下総国国府台（市川市）での合戦で、「三浦城代」横井神助は小弓御所足利義明を、山中修理亮は義明の執事逸見祥仙をそれぞれ討ち取った。『山中家譜』には、盛元が早雲に、子盛高が氏綱・氏康に、孫盛定が氏康・氏規にそれぞれ仕え、天正十八年の小田原籠城の際、盛定は三崎城を守ったとある。この修理亮は、盛元、盛高、盛定の一族であろう。

幻庵の家人となった新田氏

永正十六年（一五一九）、北条早雲が子菊寿丸（長綱・幻庵）に譲った所領に、飯山（厚木市）と菱沼（茅ヶ崎市）があり、両地は「しんでんに下さる」と書かれている。永禄二年（一五五九）

につくられたという『小田原衆所領役帳』では、幻庵の知行地に両所が見え、その下に「新田」とある。つまり新田は「にった」ではなく、「しんでん」と呼んだことがわかる。さらに、菱沼（一七〇貫一六〇文）は「長田が買得（一五貫文）」したとある。

同役帳に、小田原衆の「新田」某が菱沼・飯山を知行地としており、菱沼のところに「この外、一五貫文は長田が買得申す」と書かれている。さらにその末尾に、「甲寅歳（天文二十三年・一五五四）より幻庵が御侘言について、役を免じた。ただし幻庵の知行役のうちに入れる」とある。つまり、新田氏は幻庵の家人になっていたのである。

新田氏は日向守を名のり、北条氏から知行地菱沼郷の「不入」の特権を与えられていた。戦国時代には菱沼郷に新宿が立っており、その新宿へ「左衛門大夫」が多勢の家臣を入れ、百姓を搦めとるという事件があった。これに対して「彦太郎氏隆」は抗議し、捕らえた百姓を菱沼郷の新宿へ還し、もし糾明することがあれば、まず訴状をもってし、それに対する弁明を命ずるのが筋合いであると、左衛門大夫に書き送っている。

この手紙を差し出した氏隆は、鎌倉の奉行であった蔭山氏広の妻の父北条治部大輔氏隆であろう。高野山高室院は北条家の菩提所であるが、同院所蔵の『北条家過去帳』に、「相州北条彦太郎殿」が慶長九年（一六〇四）に死去したとある。彼は幻庵の孫で、父は氏信。よって、新田氏は幻庵―氏信―氏隆に仕えたことがわかる。

氏隆書状の宛て先「左衛門大夫」は、玉縄城主北条氏勝《うじかつ》であろう。玉縄城の支配下にあった東郡内であるが、新田日向守の知行地菱沼に、玉縄城兵は踏み入ることができなかったのである。菱沼郷内の一五貫文の地を買い取った長田氏は、役帳に馬廻衆として見える長田但馬守である。但馬守は、東郡笛田（鎌倉市）と「元新田知行」の「菱沼内鶴田」を知行地としている。つまり、長田氏は菱沼内の鶴田（いまも小字で残っている）を新田氏から買い取ったのである。

面白いことに、長田但馬守の知行地（笛田・菱沼内鶴田・兵衛森）の末尾に、「この他、三六貫文　寺尾知行　役帳に入る」とある。そして別の箇所には、

長田但馬

卅六貫文　　東郡　寺尾

とあることである。つまり、長田但馬守は東郡寺尾（綾瀬市）も知行地としていた。なお、寺尾はもと富永氏の知行地であった。このように、長田氏は他人から知行地をすべて買い取っている。兵衛森は伊豆国内にあったが、同所ももとは土屋与次郎が知行していた。

伊豆国の長田氏については、堀越公方政知に仕えた長田清仲がいる。下田市落合は、下田湾にそそぐ稲生沢川に沿った場所であるが、同所の高根神社に、永正十六年の同社造営の棟札がある。造営を行った落合村の村長《むらおさ》長田重秀は尾張国の長田庄司の子孫で、先祖がここに逃れて来て、村を開いたという。とくに注目されるのは、神社造営に用いる金物が鎌倉で作られたとあることである。

同社には、天文二十二年の造営のときの棟札もあり、それには「地頭仙波益千殿」とある。『小

田原衆所領役帳』によれば、鎌倉・東郡を支配した玉縄城主北条為昌の家臣仙波藤四郎は、「豆州奥・落合」を知行地としている。すなわち、先の仙波益千と仙波藤四郎は同一人であろう。その落合村を開発したのが、長田氏というのである。

落合や隣接する河内は、稲梓（津）郷内の地である。同郷は古く、土屋近江五郎入道が所領としていた。江戸時代に河内の諏訪神社神主は、土屋与一右衛門尉遠重であった。長田但馬守が土屋与次郎から買い取った伊豆国兵衛森というのは、稲梓郷内の地ではなかろうか。

『小田原衆所領役帳』に見える北条一門領

伊豆国稲梓郷は、郷内を稲生沢川《いのうざわがわ》が流れ、その上流にある横川の諏訪神社にも、天文六年（一五三七）に造営した際の棟札があり、「地頭大旦那吉田又三郎吉長」とある。また、『小田原衆所領役帳』には鎌倉代官であった大道寺氏に属した吉田又三郎の知行地として、「豆州横川」と見える。又三郎は吉長のことで、東郡香川（茅ヶ崎市）も知行していた。

先の棟札の吉田吉長の下に、「本願代官次郎右衛門尉長広」とあるのは、のちに伊予守を称した渡辺長広のことである。長広は、吉長の代官として落合を在地支配していた。役帳に、吉田吉長と並んで記載された渡辺次郎三郎は、横川・落合に近い稲梓郷内の箕作を知行しており、おそらく、吉長の代官渡辺長広と同族であろう。吉田又三郎、渡辺次郎三郎と並んで役帳に見える鈴木次郎三郎は、伊豆国江梨（沼津市）を知行している。鈴木氏は、北条早雲が伊豆国へ討ち入ったとき、まずはじめに早雲に属した同国の地侍（三津の松下、大見の梅原・佐藤・上村、土肥の富永、田子の山本、雪見の高橋、妻良の村田等）の一人、「江梨の鈴木」氏である。

神奈川県立博物館所蔵の江梨鈴木文書に、鎌倉代官大道寺盛昌が鈴木入道・同小次郎に宛てた、江梨に関する書状がある。また、同文書には伊東家祐が鈴木二郎三郎へ宛てた書状もある。天文年間、渡辺九郎三郎・鈴木次郎三郎は大道寺盛昌とともに、鶴岡八幡宮の築地《ついじ》修理を分担している。役帳によれば、大道寺氏の知行地伊豆国塚本（函南町）は、渡辺九郎三郎の旧知行地である。盛昌を筆頭に、このとき築地修理を渡辺・鈴木両氏とともに分担した大草中務丞は、菊寿丸（幻庵）の知行地東郡茅ヶ崎（茅ヶ崎市）の代官であった。

横川の諏訪神社棟札（天文六年）に「兼別当深居庵川庵叟」とあるのは、同村内の深居庵を開いた川庵宗鼎のことである。同庵が諏訪神社の別当を兼ねており、のちに大梅寺と名づけられたが、同寺には永禄十年（一五六七）、吉田又太郎泰盛が深居庵に寺領を寄進した文書が伝来する。泰盛は吉長の子であろう。

このように、鎌倉代官であった大道寺氏に属した者には、後藤氏のように、北条氏が鎌倉に入ってくる以前からそこに住んでいた者と、伊豆国から北条氏にしたがって、鎌倉周辺の相模国東郡内の郷・村を与えられた新来者とがあったことがわかる。そして、早雲は茅ヶ崎や菱沼を北条氏一門領として、子幻庵に譲ったのである。幻庵は、その知行地を新田・大草の諸氏に代官支配させた。あるいは、東郡小袋谷（鎌倉市）のように、箱根権現供僧の心明院の院領に宛てたものもあった。のちに幻庵の所領となった東郡片瀬郷も、富士・大森両氏が代官となって支配している。幻庵は東郡山崎（鎌倉市）をも所領としていた。『小田原衆所領役帳』には、北条氏が直接支配した御領所（直轄領）は記載されていないが、北条氏一門の幻庵が知行した東郡内の郷村が、右のように少なからず存在したことがわかる。

なお、新田日向寺は、幻庵の代官として菱沼・飯山のほか、西郡鬼柳（小田原市）も支配した。飯山温泉で知られる飯山（厚木市）は、飯山観音でもよく知られている。観音の霊場である古刹金剛寺に、天正十年（一五八二）、新田日向守が寺領を寄進し、寺領内で勝手なことをする者があったら、自分が在郷しているときに申し出れば、すぐに処置すると定めた証文が伝来する。また、天正二年に下総国関宿へと進出した北条氏は、利根川の渡しについて法度を定め、検使として二見景俊と新田日向守を命じている。

氏綱・氏時の領国支配

父早雲の死によって、永正十七年（一五二〇）、氏綱は名実ともに北条氏の当主となった。兄氏綱が、父と同じく新九郎と名のったのに対し、氏時は新六郎を称したことが、鎌倉市植木の円光寺所蔵毘沙門天像銘によって知ることができる。円光寺は、玉縄城跡内の遺名に「円光寺曲輪」があるように、はじめ氏時が玉縄城内に祈願所として創建し、小田原落城ののち、玉縄城が廃城となった元和五年（一六一九）に現在地に移された。氏時は、毘沙門天像がつくられた享禄二年（一五二九）、玉縄城下の二伝寺の掟を定めている。それには左馬助氏時とあり、彼はのちに左馬助を名のったことがわかる。

永正十七年、氏綱は伊豆国三島護摩堂に禁制を下し、天文十一年（一五四二）にも氏康が同じく同文で禁制を下した。いったい、氏時はどのような目的で同護摩堂に禁制を下したのであろうか。玉縄城主であった氏時が、伊豆国府に所在する護摩堂にこうした禁制を下した背景として、同国支配に氏時がかかわっていたとみなければならない。北条氏は同国支配にあたって韮山城を取り立てて、早雲は永正十六年に韮山城で死去した。そこで、弟氏時に韮山城を預け、伊豆国支配に当たらせたのではないかと推定される。

大永五年（一五二五）六月、「代官関甚左衛門」は、同国一宮・三島宮造営の大工と材木等の注文を「奉行清水殿」に提出している。同七年、氏綱は三島大社の社人に同社造営について、諸国において「一紙半銭」にかかわらず勧進活動の許可を出し、さらに同年、氏綱は同宮「つきかね」（梵鐘の鋳造）の人足を、笠原・清水両氏に命じて三島東西から出させた。次いで享禄三年、笠原・清水両氏は命を奉じて、三島鋳物師斎藤九郎右衛門を同国走湯山（伊豆山神社）推鐘大工職に任じている。

笠原・清水両氏は、『小田原衆所領役帳』の伊豆衆の筆頭、笠原美作守と清水太郎左衛門のことである。伊豆衆は韮山城主に属した家臣団で、笠原・清水両氏は韮山城主の奉行人として韮山城の領分、伊豆国支配に当たったのである。そして、奉行清水氏に三島宮造営についての大工・

材木等の注文を提出した「代官関甚左衛門」は、天文十二年の伊豆国長浜の検地で笠原・清水とともに担当した、「関善左衛門」ではなかろうか。

鎌倉円覚寺所蔵の天文九年銘の鰐口は、関善左衛門尉とその妻千寿らが寄進したものである。同十五年、石巻家貞は鎌倉宝戒寺から棟別銭納入の訴えを受けたが、それは関善左衛門が鎌倉代官大道寺盛昌へ納入の催促をしたものであった。ところが、宝戒寺納入分はすでに納入を免ぜられているものであったため、家貞は関善左衛門に取り次ぎ、関氏はあらためて免除する旨の証文を宝戒寺に与えている。

鎌倉鶴岡八幡宮大工岡崎家の記録に、天文二十一年に同宮の浜の大鳥居を北条氏康が造営した際、その総奉行を大道寺盛昌が務め、小奉行を蔭山長門入道と関左近尉が務めた。この点について、同宮造営日記では大道寺源六（周勝）と奉行衆、一番蔭山長門入道、二番関左近将監、三番太田兵庫助とある。これより関氏は、鎌倉代官大道寺氏のもとで小奉行を務めていたことがわかる。

永正十五年、関・後藤両氏は、鎌倉番匠に御用を命ずるときは、「調」の印判を用いると文書を出しているが、小代官後藤氏と名を連ねたこの関氏は、右の関善左衛門尉と同一人ではなかろうか。永正十六年に早雲が韮山城で死んだのち、氏綱は相模国小田原城にあり、氏時は玉縄城に入って相模国東部と伊豆国を合わせて支配した。そのうち伊豆国は、笠原・清水両氏が奉行となり、鎌倉は大道寺氏が代官となってその命令を実施したのである。

「相模衆十四家」の関氏

天文十二年（一五四三）、関善左衛門尉は笠原・清水両氏と伊豆国内で検地を行っている。このとき、関善左衛門尉は韮山城の奉行笠原・清水両氏とは別個の権限をもって、検地にのぞんでいた。北条氏が武蔵国江戸城を落として同国を支配したのち、関善左衛門は同国品川の妙国寺に対して課税の免除を伝え、江戸城代遠山綱景と相談している。これも、関善左衛門が城代綱景とは別個の権限をもって、江戸城領内の社寺にのぞんでいたことを示している。

これまでしばしば紹介した『小田原衆所領役帳』は、永禄二年（一五五九）に北条氏が家臣の知行役を確定するために作成したものである。このとき太田豊後守・松田筑前守とともに奉行を勤めた関兵部丞は、馬廻衆に属し、相模国東部の羽鳥・辻堂（藤沢市）・鶴間（大和市）を知行していた。彼は名を為清《ためきよ》といい、のちに信濃守を名のっている。

永禄十一年、海蔵寺（小田原市）の住職が上洛するとき、為清から路銭を支給している。また、為清は安藤良整とともに北条家印判状を奉じており、小田原城内に「関役所二階門」があり、小田原本城で奉行として勤仕していた。関善左衛門はおそらく為清の父で、為清と同じく小田原本城にあって、奉行の立場にあったのであろう。なお翌十二年、為清は江雪斉融成・安藤良整・同清広・板部岡康雄・石巻康保・南条香玉と連署して、相模国大山寺（伊勢原市）へ願文を納めている。

天文十五年、北条長綱（幻庵）は相模国早河庄内（小田原市）にあった心明院の旧屋敷地を、久翁寺建立のため寄進した。早川の地は、長綱が箱根権現領として父早雲から譲られた所領で、心明院は箱根権現の供僧《くそう》の一つであり、同院の旧屋敷地が早川にあったのである。長綱はその地を願主関善左衛門入道の願いによって久翁寺敷地として与えた。『異本小田原記』に、氏綱のころに早河心明院で連歌会が催されたとあり、それからまもなくして、同院はここから移転したのであろう。

関善左衛門の法名は、久翁昌公庵主といったらしい。先に紹介した円覚寺の鰐口に、大旦那平清次・関善左衛尉・同内家千寿とあるので、関善左衛門尉は「平清次」と名のったのではないかと思われる。彼の子と推定される関兵部丞（信濃守）が「為清」といい、「清」の一字が共通しているからである。ところで永正十年、相模国西郡上中村郷（中井町）内の五所八幡神社の社殿を、「檀那関左京進平清吉」が造営したが、清吉・清次・為清は一族だろう。

さらに、同郷の赤田八幡宮（大井町）の社殿を、享禄三年に「関新三郎時長」が造営した。天文初年に北条氏綱が鶴岡八幡宮を造営したとき、関新三郎は鍛冶・番匠の奉行を務めている。この新三郎は、『小田原衆所領役帳』の玉縄衆として見える、関新三郎の一族であろう。

さて、ある申《さる》の年、三浦郡久里浜の鈴木某に鯛・あわびを持ってくるように命じた文書に、印文がわからない朱印が押されている。この印判は、玉縄城主北条氏繁の後室のものらしい。印判状を奉じた関修理亮は、右の関新次郎ではなかろうか。『小田原旧記』によれば、「早雲寺殿」の小田原平定の際に最初に味方に加わった家、「相模衆十四家」として関家がある。平姓を称した関氏は、小田原本城にあって奉行として用いられ、その一族には玉縄衆に属した者もあった。

系図７　大道寺氏略系図

早雲と盟約を結んだ「御由緒家」

『小田原旧記』は、「御由緒家」として大道寺・多目・荒川・荒木・山中・有竹・松田の七氏をあげ、これらのものは、北条早雲「御草創の七手の御家老衆で、御家門に準じた」とある。相模国出身であった松田氏を除き、早雲と右の六人は、神水を飲んで盟約を結び、伊勢国から関東へ下ってきたとある。

大道寺氏の家譜によれば、平安末期の保元・平治の乱で有名な信西《しんぜい》入道（藤原通憲《みちのり》）の子孫だとするが、その後は平姓を名のっている。同氏は山城国田原の奥、大道寺村に代々住んだ。そして、発専が北条早雲にしたがって駿河国に下り、今川義忠に仕え、某年、小田原城で討ち死にしたという。

鎌倉代官であった盛昌は発専の子で、はじめ孫九郎・蔵人佑を称し、のち駿河守を名のり、出家して宗真といい、六十二歳で没した。『大道寺家譜』によれば、盛昌は河越城を賜わって玉縄城から移り、代わって北条綱成が河越城から玉縄城に入って、同城主となったとある。このことから、鎌倉代官であった盛昌は、北条一門の氏時、為昌が城主であった玉縄城を、城代として預かっていたと思われる。

『小田原衆所領役帳』によると、盛昌の知行地は伊豆国に多い（中村・吉田八幡野・青羽禰・茅原野）。そして西郡班目、次いで中郡小鍋島で、鎌倉付近には知行地がない。それぞれの経緯をみると、はじめ伊豆国に早雲が入ったとき、同国内の所領を賜り、次いで小田原城に入ったときに西郡内の地を、さらに岡崎城を落としたときに中郡内で小鍋島を与えられたという。また、盛昌は武蔵国入西郡と河越卅三郷内で知行地を与えられている。これは、北条氏が河越城を攻略したのちに与えられたのである。

鎌倉代官で玉縄城代であった大道寺氏に属した山中内匠助・孫七郎は、東郡海老名郷（海老名市）を知行地とし、同時に河越卅三郷内で知行地を与えられているのも、同氏が大道寺氏にしたがったのちも、河越城の守備に当たったためであろう。同じく山中氏で、三浦郡の三崎城を守った山中彦十郎は、同所を知行地としている。山中氏も大道寺氏と同じく、早雲に同行して駿河国へ下った「御由緒家」に属している。

鎌倉内に屋敷があった山中近江守は、山中氏の家譜によれば氏頼《うじより》といい、はじめ「三好澄元」に仕え、のちに北条早雲に属したとある。氏頼の子頼次《よりつぐ》が彦次郎・内匠助を称した。氏頼が属したという三好澄元とは、細川澄元のことであろう。澄元に仕えた三好之長《ゆきなが》は、主人澄元とともに細川政元・澄之と戦い、再三、近江国甲賀谷の山中為俊《ためとし》のもとに逃げ込んでいる。この山中氏は鎌倉時代以来、東海道の難所鈴鹿峠の警固に当たったことでよく知られている。一方、三崎城を預かった山中彦十郎の一族は、先祖が関実忠《さねただ》で、山中上野介盛元《もりもと》が早雲にしたがい、その子修理亮盛高《もりたか》が氏綱・氏康に仕えたとある（関実忠は、伊勢国の関党の祖である）。

早雲は、小笠原定基《さだもと》に宛てた手紙のなかで、関右馬允は自分と同じ一族で、伊勢国の関というところの出身だと述べている。『北条記』が、早雲は大道寺・山中氏らと伊勢国から駿河国へ下ったとするように、この手紙を根拠に、早雲は伊勢国の関氏出身という説がこれまで強かった。しかし、早雲が伊勢新九郎と伊勢氏を名のっているのは、京都で将軍家に仕えていた伊勢氏出身だというのが最近の説である。早雲は、はじめ伊勢新九郎盛時《もりとき》と名のっていたという。大道寺氏が盛昌を、山中氏が盛元を名のっているのは、この「盛時」の「盛」字を与えられたのかもしれない。

三浦郡代の山中康豊

三浦郡三崎（三浦市）を知行した山中彦十郎の一族については、すでにくわしく紹介したが、黒田基樹氏は『尊経閣古文書纂』のうちに、永禄四年（一五六一）十一月、蒔田彦五郎へ「豊」の一字を与えた修理亮康豊《やすとよ》は、同年二月、武蔵国荏原郡品川の妙国寺へ連署で判物を発給した北条氏奉行人の一人、山中修理亮と花押が一致することを明らかにしている。

また、三浦郡田津（横須賀市）の浜代官を務めた長嶋左京亮に、「豊」の一字を与えた康豊についてては、従来、その姓が明らかでなかったが、その花押が先の山中康豊と類似していることから、同人と推定されるにいたった。さらに、同郡入不斗郷（同市）の西来寺に、同寺と光明寺が同郡内の宝立寺寺務職を争ったときの裁許状写があり、「修理亮康豊在判」とある発給者も、花押は明らかでないが、山中康豊と推定された。

そのころ、同郡三崎の宝蔵寺城（三崎城）にかかわっていた山中修理亮は、康豊であることは疑いない。北条氏康の子氏規は三崎城主であったが、氏規から山本信濃守・同新七郎へ宛てた書状にも、房総へ渡海した彼らに、再三、「修理亮」と談合して行うよう指示している。氏規は、叔父為昌の遺跡《ゆいせき》を継いで三浦郡を支配したが、右の書状を伝える『山本文書』には、天文二年（一五三三）八月、北条為昌が房州妙本寺での戦いにおける、山本太郎左衛門尉の軍功を賞した感状がある。

『小田原衆所領役帳』に「本光院殿衆知行方」とあるのは、本光院殿（為昌）の家臣であるが、その筆頭に山中彦十郎、次いで仙波・宅間両氏とともに山本太郎左衛門が見える。彼は伊豆西海岸の田子に住む土豪で、早雲が伊豆国へ入国したとき、一番に味方に加わった者の一人である。彼らは伊豆水軍（海賊衆）であった。

その山本太郎左衛門尉が、相模国三浦郡を支配する北条為昌に属して、北条氏の房総への渡海で活躍しているのである。為昌の遺跡を継いだ氏規の家臣として、山本氏はひきつづき房総への進出に活躍していた。また、山本信濃守らに談合するよう命じられた「修理亮」は、三浦郡支配に深くかかわっている山中康豊とみてよいであろう。

黒田氏は、三浦郡での雨乞いを同郡逗子《ずし》（逗子市）の延命寺・妙音寺に命じた北条氏規の印判状を奉じた山中上野介を、康豊の後継者とみている。さらに、鋳物師の文書を伝える『真継文書』

のうちの、上野某なる人物が三浦郡鴨居の小松氏と同郡津久井の須藤氏に宛てた書状についても、上野某は山中上野介と推定する。

『小田原衆所領役帳』の職人衆は、須藤惣左衛門を筆頭に、鍛冶・番匠・大工・大鋸引などの各種職人を書き立てている。須藤惣左衛門に大筒（大砲）の製作を北条氏が命じたとき、各地の鋳工のうちに、三浦鴨居小松氏も含まれていた。先の『真継文書』は、伊豆国韮山城のお抱え鋳物師斎藤三郎次郎が商売でそちらへ出向いたときには、馳走をしてほしいと依頼したものである。山中上野介が仕えた北条氏規は、相模国三崎城とともに韮山城にも在城していたのである。

山中氏は大道寺氏とともに、後北条氏「御草創」以来の旧臣である。その山中氏から「豊」の一字を与えられた蒔田彦五郎は、鎌倉乱橋村の「里長」であった蒔田家の先祖である。『新編相模国風土記稿』に、同旧《きゅう》村旧《きゅう》家善右衛門家（蒔田姓）は里長で、「修理亮康豊より授与せし文書一通」を、加賀藩主前田家から求められて渡したとある。このように、山中氏は三浦郡の「郡代」として、在地の土豪を代官に取り立てていたのである。一方、小田原本城の評定衆にも加えられていた。

北条氏の領国支配で、各地の支城が重要な役割を果たしたことが指摘されているが、同時にこうした「郡代」として、郷・村を常時支配したことの重要性が指摘されるようになってきた。山中氏も、そうした「郡代」級の家臣として注目される。

第二章　関東の諸寺社との結びつき

伊勢から北条に改姓

さて、いままで早雲を北条早雲として扱ってきたが、実は、早雲は一度として「早雲」と呼ばれることも、自ら称したこともなかった。ましてや、「北条」を名のったこともない。「伊勢新九郎」あるいは「早雲庵」と呼ばれ、「宗瑞」と名のった。そこで、以下では「伊勢宗瑞」の名のりで統一したい。なお、子氏綱も「伊勢・新九郎」と名のり、はじめは「北条」を名のっていない。

大永三年（一五二三）に箱根権現の社殿を造営した氏綱は、棟札に「大檀那伊勢平氏綱」として花押を据え、幻庵も「伊勢菊寿丸」とある。ところが、前年の寒川神社棟札には、「相州太守北条新九郎平氏綱」とある。これは、百瀬今朝雄氏らによって、のちに作られたものとの見解が出されている。なお、最近の研究で、大永三年六月から九月の間に「北条」と改姓したことが明らかにされている。

のちに箱根権現別当融山は、北条氏康に宛てた書状のなかで、「上杉の先祖に天下の御幡を下され、東八洲副将軍として置かれた。とりわけ北条御家は前代日本の備えとして副将軍を給わり、その御名字を続けられ」たと述べている。つまり、上杉氏が鎌倉公方のもとで副将軍（関東管領）

北条氏の家紋「三つ鱗」

であり、北条氏が鎌倉将軍家のもとで副将軍（執権）であった、その名字を継いだというのである。すなわち、北条時政以来の執権（副将軍）として関八州支配にのぞむ意図のもとに、氏綱は改姓を行ったのである。

『北条記』は、古河公方足利高基《たかもと》が子亀王丸（晴氏《はるうじ》）の配偶者に、氏綱の娘を迎えたいと申し入れたとある。これに対して氏綱は、身分がちがうとしていったんは断った。再度使者を送った高基は、「源頼朝が伊豆国へ流されたとき、北条時政の聟となり、北条家が執権として九代も続いた吉例がある」とし、さらに「北条殿を公方の御後見」に頼んだとある。『喜連川判鑑』は、これを大永元年としているが、これはその後のことである。つまり氏綱は、古河公方のもとで、副将軍の地位につくことを意図したのである。

『北条記』は、以下のエピソードを記す。大永二年、富永三郎左衛門が氏綱の使者として古河御所（古河市）へ出かけた帰途、浅草の観音様に参詣したところ、ちょうど観音さんの縁日でにぎわっていた。そのとき、境内の弁財天堂のあたりから銭が湧《わ》き出るという不思議なことを見聞した。小田原城に帰ってこのことを話したところ、城下にあった北条家祈願所の蓮上院別当が、「弁財天は観音の御分身で、北条家の守護神である。御紋は大蛇の鱗《うろこ》といわれる。御当家ではとくに御崇敬している」と語った。そこで氏綱は、小田原城の北の堀内へ蓮上院に頼んで江の島の弁財天を勧請し、城の鎮守としたという。

小田原北条氏の家紋は三つ鱗で、これは鎌倉執権家の北条氏と同じである。この家紋を北条時政が用いるようになったのは、江の島弁財天の信仰と深くかかわっていたことは、『太平記』にくわしい。また伊勢宗瑞以来、氏綱・氏康・氏政・氏直の歴代が江の島弁財天を崇敬したことは、『岩本院文書』によって裏づけられる。享禄四年、氏綱は退転した江の島上の坊を円光坊に預けている。

江の島弁財天を信仰した古河公方

江の島の岩本院には、古河公方から岩本坊へ宛てた書状がいく通か伝来している。初代成氏―二通、二代政氏―二通、三代高基―一通、四代晴氏―二通、五代義氏―二通、というようである。つまり、五代にわたる古河公方の文書がすべてそろっているのである。

内容をみると、うち六通が、岩本坊が祈祷の巻数《かんず》（祈祷したことの証明）や尊天像（弁財天像）の扇子《せんす》、みかんなどを贈ったことに対する礼状である。この点に関し、『藤沢市史』は成氏・政氏父子のころは、江の島は古河公方の直轄領であったかもしれないが、高基・晴氏・義氏の時代には、江の島の各坊から品物の贈与を受けるだけの存在にすぎなくなっていたことがわかるとし、残された文書から、古河公方の衰退した様子がよくわかるとしている。

相模国内では、鎌倉の鶴岡八幡宮の神主大伴家に、高基・晴氏・義氏の文書が伝来している（原本はすでに失われて、写しが他のところに伝えられている）だけで、古河公方五代の文書がいまもそろって残っているのは、神奈川県内では江の島だけである。さすがに足利氏名字の地、下野国足利庄内の同氏の氏寺鑁阿寺《ばんなじ》には古河公方五代にわたる文書が多数現存しており、武蔵国では古河公方の御料所太田庄の総鎮守鷲宮神社に、五代の古河公方文書がそろっているものの、東国の武将が武神として信仰した常陸国鹿島神宮・下総国香取神宮にも、すべての古河公方歴代の文書が残っているわけではない。

なお、鑁阿寺には、成氏だけでも同じ祈祷に関する書状が十八通も残っている。成氏は三十六年間も公方に在任しており、歳末の祈祷に関する書状が十八通あることは、隔年ごとに祈祷の巻数が送られていたかとも考えられる。ところが江の島では、一代一通だけしか残っていないのはどういう理由であろう。公方の就任にともない、例によって代替わりに際して一回のみ、祈祷の巻数が送られたのであろうか。

他の社寺宛てに出された祈祷の書状では、「天下安全の祈祷」「年頭の祈祷」「歳末の祈祷」とあるのが多い。これに対して、江の島宛ての書状が、「連々の祈念《(祈祷)》を致します」とあることから、右の代替わりに、これからひきつづき祈祷を致しますとあるのは、そのためであろうか。

それにしても、五代にわたる古河公方の書状がそろっている江の島弁財天は、いかに公方の深い帰依を受けていたかがわかる。しかし書状の書き止めが、鑁阿寺では「恐々謹言」と格が高くなっているのに、江の島岩本坊宛てのものは単に「謹言」とあるのみで、鑁阿寺よりは格が低く扱われている。

宗瑞が無縁所とした伊豆修禅寺

永正十六年（一五一九）八月十五日、伊豆国韮山城で死んだ伊勢宗瑞は、『北条記』によれば「当国修禅寺にて一片の煙になし申す」とある。『鎌倉公方九代記』にも、「当国修禅寺に葬送し、一片の煙と焼あけ」たとある。

伊豆国修禅寺とはいうまでもなく、静岡県伊豆市にある古刹修禅寺のことである。寺の前を流れる桂川のなかに「独鈷《どっこ》の湯」があり、これは弘法大師が独鈷で掘りあてたのが由来といわれる。そして、大師が錫杖《しゃくじょう》を空に投げ、落ちたところに建てたのが修禅寺であるという。よって、はじめは真言宗の寺院であったが、のちに臨済宗の寺となり、明応のころ（一四九二―一五〇〇）に隆慶繁紹が曹洞宗に改めた。

隆慶が改宗の請いを受けた「豆州太守」（『日本洞上聯燈録』）は、伊勢宗瑞のことであろう。曹洞宗修禅寺の開山とされる隆慶は崇芝性岱の弟子で、南足柄市の最乗寺（大雄山）の末寺が多い箱根・伊豆周辺の曹洞宗寺院のなかで、隆慶一派は遠江国大洞院（「森の石松」で知られる森町にある）の末寺である。修禅寺に伝来する古文書のうち、もっとも古いものは明応八年三月二十八日、早雲庵宗瑞（伊勢宗瑞）が修禅寺東陽院の侍者禅師に宛てた証文である。東陽院は現在の門前西隣りにあった子院で、このころ修禅寺の寺務を掌握していた。証文のなかに「湯において「高下」ともに狼藉致すべからず」の一項があり、修禅寺温泉の湯は、修禅寺が管理していたと推定できる。

宗瑞は同日付けで、年貢三十五石を倍堂分として東陽院へ寄進し、本寺は「無縁所」とする旨を伝えている。「無縁所」というのは、「私所」に対していわれるもので、私所が領主・大名の私寺（氏寺）であるのに対し、無縁所は公界寺ともいわれている。のちに玉縄北条氏は、江の島を「公界所」としているが、これは敵味方とも、ここを非武装地帯として、武力で侵入しないことを保証した「平和領域」であることを宣言したものであった。無縁所・公界寺は領主の課役が免除され、武力・暴力による「不入」が保証された。修禅寺もそうした無縁所・公界所とされ、平和のうちに温泉につかって、疲れをいやす場所であった。

宗瑞・氏綱と早雲寺

大永元年（一五二一）、氏綱は宗瑞の「遺言の旨」に任せて、小田原の湯本に墳墓を築き、金湯山と号して、京都の大徳寺から僧を招いて仏事を営み、早雲寺殿天岳宗瑞大禅定門と称した。中世の東海道箱根路は、伊豆国三島から芦ノ湖畔、芦川宿を経て、尾根道の湯坂道を通り、湯本の宿に入る。次いで、早川に沿って小田原宿に至る。近世には畑宿を通る新道が開かれたが、それ以前は尾根筋の湯坂道を通ったのである。湯坂道の尾根を下ったところに、湯本温泉の古い「湯屋」がある。

この湯屋のところで、須雲川は早川と合流する。江戸時代の東海道は「三枚橋」で早川を越え、小田原宿入り口の板橋へと向かう道に進むが、中世の湯坂道のルートでは、「湯屋」のところから早川を渡って対岸へ出たのであろう。須雲川と早川が合流するあたり、「湯屋」の対岸は広い河原で、慶長年間（一五九六―一六一四）に開墾された。その河原に臨む台地のうえに、早雲寺が創建されたのである。かつて境内は、この三枚橋近くまでを含んだ広大なものであったらしい。早雲寺の西隣りにかつて地蔵堂があり、これを正眼寺が管理していた（現在は同寺境内に移されている）。同寺所蔵文書によって、先の河原は同地蔵堂に付属していて、「地蔵免（田）」といわれていたことがわかる。同堂の本尊地蔵菩薩像は、鎌倉時代の末につくられたものである。こうした宿に近い河原は、旅先で病死した者を葬る賽《さい》の河原で、その霊を慰めるために地蔵堂が建てられていた。湯本の地蔵堂も、そうした信仰の場であったのである。

ところで、早雲寺の開山は、京都大徳寺の以天宗清《いてんそうせい》であった。宗瑞は、京都で将軍家政所に仕えた伊勢氏の一族であるとの説が有力であり、以天は伊勢氏の被官蜷川氏の出身で、伊勢・蜷川両氏の縁故から、彼は早雲寺開山に迎えられたという。早雲寺殿天岳宗瑞大禅門との戒名がつけられた宗瑞は、大徳寺七十三世の東渓宗牧から「天岳」という道号をもらった。その宗牧の語録に、宗瑞は同寺四十世の春浦宗熙に学んだとある。宗牧は春浦の弟子であったが、以天の法系は春浦宗熙―陽峰宗韶―東海宗朝―以天宗清であり、同じくその三世の法孫であった。

湯本地蔵堂を管理する正眼寺住職の故岩崎正純氏は、大永元年に氏綱が早雲寺を創建したと伝えられているが、宗瑞はすでに生存中の永正年中に、ここに早雲庵という草庵をつくっていたのではないかとされる。そして『異本小田原記』に、「仏殿・法堂・山門・衆寮・食堂以下、大徳寺を移し」て普請が成就したとあるように、大永元年に初めて大禅刹への建て直しが行われたとする。

　昭和四十九年、神奈川県立博物館で「早雲寺の遺宝」展が開かれた。国重要文化財の伊勢宗瑞画像をはじめ早雲自筆書状など、数多くの寺宝が展示された。そのなかに、開山以天宗清の師東海宗朝の頂相（画像）があった。永正十三年、以天の求めに応じて宗朝が自分の画像に賛語を書いた。現在、この頂相には宗朝の賛に「六世子孫宗璋焼香謹写」と書かれており、江戸時代はじめに早雲寺十八世となった琢玄宗璋が書き写したとある。実は、絵の部分も厚い胡粉下地に、絵具を盛り上げて修理がほどこされている。これは、天正十八年（一五九〇）の小田原落城ののち、一時荒廃した早雲寺を再興した際に、寺宝の頂相を琢玄が修理したのである。

　早雲寺には、こうした歴代の住持の頂相がいくつか伝来している。一点は享禄元年（一五二八）、大室宗碩の求めに応じて、以天が自分の頂相に賛を加えたものである。以天は永正十六年に大徳寺三十六世となり、以後の数年は同寺竜泉庵に止住していたらしい。彼の語録によっても、この間はもっぱら、京都の人たちに画賛などを与えたものばかりである。そして大永七年の賛語に、はじめて早雲寺境内に建てられた春松庵にいたことが書かれている。

　北条氏綱の法号を「春松院殿」というように、のちに氏綱の菩提所となったのがこの春松庵（院）で、以天の隠居所に氏綱がつくったものである。早雲寺の塔頭に養珠院があったが、同院は氏綱の妻の菩提所になっている。以天に賛を求めた大室は、以天のあとをついで早雲寺の二世となった。天文十二年、宗睦首座が画工につくらせた以天の頂相に以天は賛を加えたが、現在、東京の広徳寺に伝来する。さらに天文十九年、以天は直弟子たちが香資を集めてつくった頂相に、賛を加えている。

早雲寺の開山以天宗清

箱根湯本に創建した早雲寺の開山に迎えられた以天宗清の頂相は、享禄元年（一五二八）のものが早雲寺に、天文十二年（一五四三）のものが東京広徳寺に、そして天文十九年のものが京都大徳寺の塔頭芳春院に伝来している。芳春院に現蔵されている以天の頂相は、もと同寺の塔頭竜泉庵にあったものである。同庵は大徳寺三十六世だった以天宗清が止住していた塔頭だが、直弟子たちの求めに応じて、この頂相に賛詞を書いたのは以天自身だった。以天はこの賛を、「相陽金山橙雪斉下」で書いた。すなわち、相模国金湯山早雲寺内の書斎「橙雪」軒で書いたのである。

以天の賛によれば、弟子たちは香資を集めて、画工に依頼して描いてもらったことがわかる。描いた画工は、画面の左下隅に「雪村筆」と自署し、「雪村」「周継」の捺印がされているので、関東の絵師として著名な雪村周継《せっそんしゅうけい》であったことがわかる。天文十一年、雪村が弟子に与えた画論「説門弟資」のなかで、「予は多年雪舟に学べきといえども、画風の懸絶せるを見よ」と述べているが、著名な雪舟の画風を学び、独自な画法をつくり出した。そのころ常陸国太田部垂《へたれ》（太田市）のあたりに住んでいたが、それからまもなくして、陸奥国会津の芦名盛氏《あしなもりうじ》のもとに移った。

天文十五年、常陸国今宮玉殿（鹿島神宮）の「神馬図」を奉納していることから、会津を出て、常陸国へ入ったとされる。同神宮には、雪村筆「百馬図帖」が伝来しているが、おそらくこのときに描いたものではないかといわれる。そして同十九年には、以天宗清の頂相を描いているのである。つまり、この年にはすでに小田原へ来ていたことになる。

鎌倉山の常盤山文庫は、菅原通済氏が収集した数多くの美術品を所蔵しているが、昭和五十八年に神奈川県立博物館で「常盤山文庫名品展」が開催され、その優品が数多く展示された。そして豪華な図録が刊行され、表紙には雪村の「叭々鳥図」が使われている。同図に賛を加えている「四印道人」は、鎌倉円覚寺第一五二世の景初周随である。賛は天文二十四年九月に書かれた。同じく雪村が描いた「蕪図」にも、景初が賛をしている。

通済氏は自家の菅原姓もあってか、菅原道真に心酔し、常盤山文庫にも数多くの「天神図」（道真の画像）を収蔵している。「ときわ山佳什録」Ⅱ『菅公』に、雪村が描いたと伝えられている「束帯天神図」が収蔵されている。図には「周継」「雪村」の印が押されているが、雪村の印がややほかの雪村が用いた印型と異なり、絵に雪村らしい特色がない。

「怒りの天神」といわれるこの天神図と、まったく同一の構図の天神図が発見され、同天神図の軸木から、「荏柄山一乗院什物」という文字があらわれた。一乗院とは、江戸時代まで荏柄天神の別当であった一乗院のことである。中村渓男氏は、鎌倉を訪れた雪村は荏柄天神社の天神図を摸写したのだとする。それについて、荏柄天神社には天文十七年、同社造営のために関所を設け、関銭を造営費用として寄進する「鎌倉荏柄御造営関に置く法」と題する定書案が伝来する。これはおそらく、北条氏康が出した定書であろう。つまり当時、荏柄社は造宮中で、雪村は同社神宝の「天神図」を摸写して寄進したというのである。

氏綱・氏康も手にした東山御物

　年記は明らかでないが、雪村筆「山水図」に、早雲寺第二世大室宗碩が賛を加えている。この作品は中国の画家、玉澗筆「遠浦帰帆図」に学んでつくられているという。「帰帆絵」ともいわれ、もと東山（将軍足利義政）御物《ごもつ》であった。それが連歌師宗長から駿府の臨済寺住持太原雪斎《たいげんせっさい》を経て今川義元《よしもと》へ渡り、天文二十三年、雪斎のあっせんによって武田・今川・北条の三氏が駿河国善徳寺で和睦した証しに、北条氏康に贈られたのではないかという。この絵は「瀟湘《しょうしょう》八景図」の一つであるが、正木美術館とロックフェラーⅢ世所蔵品に、雪村筆「瀟湘八景図」がある。それには「軸玉澗八景之図　雪村老翁筆」と大書されていることからも、同図が玉澗筆同図に学んでつくられたことは明らかである。

　雪村の作品は、玉澗・牧渓の八景図に摸したものが多い。牧渓法常も中国・宋の画家である。大永四年（一五二四）、北条氏綱は越後国の長尾為景に「和尚之絵」を贈ったが、為景は気に召さず返してきた。そこで氏綱は、相応の横絵を探して贈ることを約束し、翌五年四月、氏綱は「和尚の寒山二幅一対」を為景に贈った。この和尚とは牧渓のことで、彼が描いた寒山拾得《かんざんじっとく》の絵のことである。寒山拾得とは、中国・唐の末ごろ天台山国清寺にいたといわれる寒山・拾得という二人の隠士をいう。寒山の詩集「寒山詩」は著明であるが、禅宗では好んで彼らの絵画化が行われ、その絵を「寒山絵」といった。

為景宛て氏綱書状に、「外題《げだい》は能阿弥」であるとしているが、能阿弥は相阿弥などとともに三阿弥といわれ、将軍家に使える同朋衆《どうぼうしゅう》であった。将軍義政は、こうした舶来の美術品を数多く収集し、それらは東山御物といわれる。能阿弥らは東山御物の管理にあたり、鑑定を行い、その外題を記した。氏綱が為景に贈った牧渓の寒山絵に、能阿弥の外題があったことは、先の玉澗筆「帰帆絵」とともに、東山御物であったものが流出して、氏綱の手にあったことを示している。もちろん、雪村にも寒山図がある。

『扶桑名公画譜』に、雪村は「北条氏政の帰依僧」とある。氏政は氏康から永禄四年（一五六一）に家督を継いでいるので、雪村はなお、このころまで相模国にいたと推定される。同六年、雪村は「玉澗小軸の景」を芦名盛氏に贈った。盛氏はそのころ、会津の黒川城から岩崎城に隠退し、子盛興《もりおき》に家督を譲っていた。雪村は会津に帰り、岩崎城で盛氏に再会したと推定されている。新築中の岩崎城には、小田原の狩野派の画師馬見谷（間宮）宗二が招かれており、城内の障子・襖・屏風などの調度の製作がすすめられていた。

盛氏は伊達晴宗・結城政勝・北条氏康・武田信玄・上杉謙信らと外交を結び、芦名氏の全盛時代を現出した人物である。雪村は、その盛氏から画業を習得するため、小田原に派遣されたのである。氏綱・氏康のもとには、東山御物の宋・元画（中国からの舶来美術品）があり、狩野玉薬・

殊牧・御厨屋梅閑・金玉僊・寿トなどの北条家お抱え絵師がいた。早雲寺に所蔵されている「機識図」「枇杷小禽図」「竜虎図」などは、小田原狩野派の絵師によってつくられた絵画ではないかという。また、鎌倉には能阿弥に学んだ建長寺の画僧祥啓の流れをくむ啓孫・啓宗・啓拙斉・式部・興牧・興悦などがいた。円覚寺には雪舟に学んだ宗渕がいたのである。

【著者紹介】

湯山　学（ゆやま・まなぶ）

1928年、静岡県に生まれる。中央工業専門学校中退。神奈川県藤沢市役所に勤務。現在退職。

戦国史研究会・地方史研究協議会会員。

著書に『藤沢の武士と城—扇谷上杉氏と大庭城』（名著出版・1979年）『相模国の中世史 上・下（私家版・1988、1991年）『中世伊勢原をめぐる武士たち』（伊勢原市教育委員会・1991年）『中世の鎌倉—鶴岡八幡宮の研究』（私家版・1993年）『関東上杉氏の研究』（岩田書院・2009年）『相模武士』（全5巻、戎光祥出版・2010～2012年）『鎌倉府と相模武士』（上下巻、戎光祥出版・2014年）ほか多数。

装　丁：山添 創平

伊勢宗瑞と戦国関東の幕開け
二〇一六年二月一日　初版初刷発行
著　者　湯山　学
発行者　伊藤光祥
発行所　戎光祥出版株式会社
東京都千代田区麹町一―七
相互半蔵門ビル八階
電　話　〇三―五二七五―三三六一㈹
ＦＡＸ　〇三―五二七五―三三六五
印刷・製本　モリモト印刷株式会社

http://www.ebisukosyo.co.jp
info@ebisukosyo.co.jp

ISBN978-4-86403-188-2